KB119607

모나미 153 브랜딩

모나미 153 브랜딩

디자인 씽킹이
60년 기업 모나미에
불러온 놀라운 변화

monami
153

신동호 지음

위즈덤하우스

차례

2부

확장된 사고, 디자인 씽킹

3부

마케터를 위한 창작자 마인드

4부

지속 가능한 브랜드

에필로그

모나미 153 브랜딩을 시작하며

모나미에서 디자이너로 시작해 마케터로 일한 지 15년이 지났습니다. 매번 하는 말이지만 시간이 참 빠릅니다. 야근에 허덕이던 디자인 에이전시에서의 생활에 지쳐 모나미에 인하우스 디자이너로 입사했는데, 어느 날 제 앞에 마케팅이라는 뜻밖의 새로운 커리어가 열렸습니다. 당시에는 두렵기보다 설레는 마음이 컸습니다. 배워두면 언젠가 도움이 되겠지 생각하기도 했습니다. 어느덧 그 일을 8년째 하고 있네요.

디자이너와 마케터의 일은 사뭇 달라 보이지만 분명히 서로 공유하는 지점이 있습니다. 하는 일은 다르지만 일을 하는 방식이 같다고 해야 할까요. 이 책에서는 디자이너 출신 마케터가 어떻게 오래되고 평범한 브랜드 모나미를 새롭게 바꿔 나갔는지 이야기하려 합니다.

모나미는 업력이 60년이 넘은 기업입니다. 특히 하얗고 까만 모나미 153 볼펜으로 잘 알려져 있지요. 그래서 사람들에게 인지도가 높지만 그만큼 브랜드 이미지를 바꾸기가 어렵다는 양면을 갖고 있었습니다. 이런 기업에서 마케팅을 시작하면서 다짐한 목표는 브랜드 가치를 높이는 동시에 오래 지속되는 브랜드를 만들자는 것이었습니다. 브랜드는 일종의 맥락이라고 생각합니다. 갑자기 '우리 회사는 이런 브랜드 가치를 갖고 있어'라고 외쳐봐야 맥락이 없으면 사람들의 귀에 닿지 않습니다. 그리고 그 맥락은 회사의 본질에서 찾을 수 있습니다.

그리하여 『모나미 153 브랜딩』은 1부에서 모나미라는 오래된 기업이 비즈니스 변화에 어떻게 대응했는지, 모나미가 본질을 찾아 나아가게 된 과정에 대해 설명하면서 시작합니다. 이어 2부에서는 디자이너 출신 마케팅 팀장이 강조하는 확장된 사고, 디자인 씽킹을 어떻게 적용하고 발전시켜왔는지 소개하고, 디자인 씽킹을 체감할 수 있는 다른 브랜드들의 사례도 살펴보려 합니다. 3부는 마케터들에게 필요한 창작자 마인드에 대한 파트입니다. 디자이너 같은 창의성을 키우는 방법과 실제 적용된 사례인 모나미스토어 제작기를 실무자가 참고할 수 있게끔 단계별로 자세히 담았습니다. 마지막으로 4부에서는 무한 확장하고 있는 모나미 컬래버레이션 마케팅을 중심으로 다른 기업과의 협업에서 명심해야 할 점, 지속 가능한 브랜딩의 조건에 대해 알아봅니다.

고객을 감동시키는 창의적인 기획을 하지 못한다면 진정한 마케터라고 이야기하기 어려운 시대에 살고 있습니다. 이 책은 크리에이티브한 마케터가 되기 위해 인간의 본질을 탐구하는 디자인적 사고 기반의 업무 접근 방식에 주목합니다. 남과의 경쟁이 아니라 내가 지금 하는 일이 우리의 삶에 어떤 긍정적 영향을 가져오는지에 대해 고민하고 생산적 결과를 낳도록 최선을 다하는 것, 그것이 마케터의 일이라고 할 수 있습니다.

신동호

1부

다시 처음에서 시작하는
본질 브랜딩

모나미의 위기 대응 그리고 실패

한국이 저출산 시대에 접어든 것은 1980년대 중반부터인데 이를 심각한 사회문제로 받아들이기 시작한 건 2000년대 이후부터다. 이는 1960년부터 문구류를 만들고 판매해온 모나미에게 신사업에 대한 고민이 시작된 시기이기도 하다. 저출산에 따라 문구류의 주 소비층인 학령인구가 눈에 띄게 감소했고 최근에는 초·중·고등학교 앞을 지키며 학생들의 준비물과 먹을거리를 책임지던 학교 앞 문구점도 매년 400~500개씩 자취를 감추고 있다.

인구감소 위기로 많은 기업들이 영향을 받았지만 특히 문구, 완구기업들에게는 새로운 돌파구가 절실해졌다. 학생 수가 감소했을 뿐 아니라 수업 시간에 노트 필기 대신 노트북, 태블릿 PC 같은 디지털 기기 사용이 늘어나면서 필기구 수요가 급격하게 줄어들었고 매출에도 직접적인 타격을 받았기 때문이다.

급격하게 고꾸라지는 그래프를 보며 모나미는 불안에 휩싸였고 위기 상황을 극복하기 위해 2000년대 초부터 회사 규모를 키울 수 있는 신수종사업을 찾아 나섰다. 레드오션인 문구 제조 영역에서 벗어나 당시 눈길을 돌린 곳은 유통 관련 사업이었다. 기존 문구 영업라인을 활용할 수 있으면서 이전부터 국내외 브랜드들에게 적잖이 제안을 받아왔기 때문이다. 프린터 브랜드 유통사업 및 OA 렌털 사업을 시작으로 HP(한국휴렛팩커드)의 한국 총판으로 프린트 장비와 소모품을 유통하면서 기존 연매출 규모에서 1천억 원 이상을 확장시키기도 했다.

이를 계기로 모나미는 자연스럽게 제조회사에서 유통·서비스 회사로의 전환을 시도했으며 단시간에 높은 매출을 확보하여 회사 규모도 눈에 띌 정도로 성장했다. 이때 소비자에게 유통기업으로의 변화를 알리기 위해 40여 년 동안 써왔던 모나미의 심볼과 로고를 쉽게 따라 읽을 수 있는 워드마크 타입으로 바꾸고 모나미 하위 브랜드들도 다시금 체계를 정리했다. 유통 비즈니스 전문가들을 영입하

40여 년간 사용해온 로고를 워드마크 타입으로 바꾸었다.

고 관련 시설에 투자를 확대하면서 본격적으로 유통기업으로서의 새로운 변화를 준비했던 것이다.

그러나 10년도 채 지나지 않아 유통사업에 먹구름이 끼기 시작했다. 특히 성장세를 보였던 HP조차도 총판으로 소모품 재고량이 많아지면서 부실채권이 불어났다. 모나미 매출은 2010년 2814억 원에서 2013년에는 급기야 1675억 원까지 떨어지면서 1999년 이후 최악의 수치를 기록했다. 유통은 모나미가 오랫동안 다져온 문구 영업라인을 기반으로 진행한 신사업이었으나 문구 프랜차이즈 사업이나 프린터 소모품 판매업 등은 모두 사양산업인 문구와 연결된 카테고리였기 때문에 경쟁력을 갖기가 쉽지 않았던 것이다. 수익성 대비 리스크가 높아지자 곧 유통사업 전반의 방향성을 재고하고 규모를 대폭 줄이게 되었다.

그렇다면 모나미가 찾는 해답은 어디 있을까? 사양산업은 이대로 인구감소세에 맞춰 안정적으로 사세를 축소해야 하는 것일까? 모나미는 다시 처음으로 돌아가 생각해보기로 했다.

모나미 대응 전략의 발단

모나미의 모든 조직은 수십 년간 문구 제조에 최적화되어 있었다. 유통사업으로 영역을 넓히면서 외부에서 전문 인력을 영입했지만 결과적으로 모나미 본체에 안정적으로 정착하지 못했다. 당시에는 기회가 외부에 있다고 판단했으나 모나미의 본질에 대한 이해 없이 문구 시장의 위기감에 쫓기어 시작한 신사업은 흐지부지 막을 내렸다. 새로운 성장 동력으로써의 역할을 해내지 못한 유통사업의 축소로 인해, 다시 한번 우리가 잘할 수 있는 것이 무엇인지에 대한 고민을 시작했다.

문구 시장이 축소되고 있다는 위협에 쫓겨 우리의 강점이 무엇인지 잊고 있었던 것은 아닐까? 본업에 닥친 어려움을 외면하고 신사업에 대한 고민에만 몰두했던 것이 문제였다. 사실 문구는 꽤 오래 전부터 사양산업으로 인식되고 있었다. 그럼에도 모나미가 60여 년이 넘도록 문구산업에서 살아남을 수 있었던 원동력은 어디에서 오는 것일까? 나는 기업의 본질을 오랜 시간 지켜왔기 때문이라고 보았다.

마케팅 팀원 중 한 명이 미국으로 신혼여행을 다녀오면서 블루보틀 트래블머그를 선물한 적이 있다. 커피를 썩 좋아하지 않는 나도 블루보틀은 잘 알고 있는 브랜드다. 2019년 블루보틀 성수 카페가 국내에 처음으로 문을 열었을 때 매장에 밤을 새서 기다리는 사람들과 이후에도 몇 달이나 긴 줄이 이어지는 것을 보며 카페가 넘쳐나는 한국에서 블루보틀은 다른 커피 브랜드와 무엇이 다른지 궁금해졌다.

"로스팅한 지 48시간 이내의
원두를 사용한 커피만 판매해 고객들이
최고의 커피를 즐길 수 있게 할 것입니다."

캘리포니아의 작은 매장에서부터 시작한 블루보틀의 창업자 제임스 프리먼은 처음부터 이와 같은 원칙을 세웠다. 지금도 전 세계 블루보틀 매장에서 이 원칙을 지키고 있다. 수많은 커피 브랜드들이 생기고 사라지는 지금, 블루보틀의 철학과 운영방식, 브랜딩은 모두 커피가 가지고 있는 그 본질을 최우선하는 것이다. 블루보틀이 스페셜티 커피 3대 브랜드 중에 하나로 꼽힐 수 있었던 이유는 '최고의 커피'라는 본질을 고수했기 때문이다.

모나미가 60여 년간 만들어온 펜의 본질은 '쓰기'와 생각을 '표현'하는 데 있다. 모나미는 반세기 이상 필기구라는 하나의 카테고리를 오래 고민해왔고 그 고민은 아직도 진행 중이다. 이처럼 시간이 흘러도 변하지 않는 것, 그것이 브랜드의 본질이 된다. 본질은 제품이나 서비스가 될 수도 있고 어떤 태도가 될 수도 있다. 우리 회사의, 우리 브랜드의 본질이 무엇인지 계속해서 자문하고 내부 직원들끼리 의견을 나누어야 한다. 모나미 역시 여러 시행착오를 거쳐 돌고 돌아 우리가 가장 잘할 수 있는 것은 필기구를 만드는 일이라는 결론에 다다랐다.

필기구는 수많은 사람들의 다양한 필기 방식과 영어,

최고의 인프라를 구축해온 모나미 연구소

한자, 한글 등 문자 형태를 고려한 기구 설계에 의해 작동되는 까다로운 분야다. 참고로 필기구와 문구가 같다고 생각하는 사람들이 많지만 엄연히 다른 영역에 속한다. 문구는 필기구뿐 아니라 노트, 파일, 수정펜, 지우개 등을 총칭하는데 그중에서도 필기구는 작동 매커니즘 개발에 많은 투자와 연구가 필요하다. 그만큼 오랜 개발과 경험, 전문 생산설비가 기반이 되어야 하는 분야인 것이다.

오랜 시간 필기구를 개발해온 모나미는 제조 프로세스, 생산 시설, 관련 인적 인프라를 국내 최고 수준으로 다져왔다. 모나미 본사에 위치한 모나미 연구소를 방문하면 이를 직접 눈으로 확인할 수 있다. 1988년 기업 부설 연구소로 인정받은 모나미 연구소는 화학(공학), 신소재공학을 전공한 열두 명의 전문 연구진으로 구성되어 있다. 유성펜, 수성펜 등 필기구별로 팀을 나눈 경쟁 구도의 연구 방식은 모나미 전체 제품군의 질을 고르게 향상시키는 긍정적인 요인으로 손꼽힌다.

연구 분야뿐 아니라 디자인 영역에서도 일찌감치 제품 디자인, 시각디자인팀을 강화하여 투자를 아끼지 않았다. 그로 인해 세계 3대 디자인 어워드 중 하나인 독일 레드닷 디자인 어워드(Red Dot Design Award)에서 2009년에 국내 문구업계 최초로 '프로 유성매직'으로 수상했고, 2015년에는 프리미엄 볼펜인 '153 리스펙트'와 '153 네오'로 산업통상자원부가 주최한 굿 디자인 어워드(Good Design Award)에서 생활용품및환경부문 한국디자인진흥원장상을, 디자인기술혁신대상에서 '한국 전통공예 기법을 적용한 고급 필기구 개발'을 주제로 흑상을, 2018년에는 제16회 대한민국 디자인대상 국무총리상을 수상하기도 하였다.

오랫동안 조금씩 프로세스를 다듬어온 상황에서 우리는 오히려 가장 중요한 것을 놓치고 있었다. 모나미의 브랜드 이미지와 브랜드 아이덴티티는 모두 필기구 그 자체에 있다는 것을 말이다. 브랜드 이미지는 고객이 브랜드를 인식하는 방식이고, 브랜드 아이덴티티는 브랜드가 타깃 고객에게 인식되기를 원하는 방식을 말한다. 이 두 가지가 서로 교차하는 지점에 브랜드의 본질, 브랜드의 고객가치가 놓여야 한다.

많은 마케터들이 고객들이 생각하는 브랜드 이미지는 뒤로 한 채 그들만의 리그에서 경쟁자를 제치기 위한 차별화에 몰두하곤 한다. 업에 대한 본질을 다시 생각해야 하는 시대다. 블루보틀이 세계적으로 성장해나가면서도 커피로

줄 수 있는 기본적인 고객 가치에 집중한 것처럼, 모나미는 모나미가 고객들에게 줄 수 있는 것이 무엇인지 고민하기 시작했다.

본질에 대한 이해가 절대적이다

개인이건 기업이건 예측하지 못한 상황들에 직면하게 되면 이를 어떻게 헤쳐가야 할지 걱정과 두려움이 앞선다. 경우에 따라서는 설레기도 하고, 어쩌면 발전할 수 있는 도전의 시작이 될 수도 있다. 이럴 때 방향성의 기준이 되는 것이 브랜드의 본질이다. 저성장 시대에 한 치 앞이 불안정한 기업에게 본질은 곧 나아갈 길을 알려준다.

시시각각 달라지는 위험천만한 상황을 어떤 태도와 자세로 받아들이느냐에 따라 우리가 배우게 될 경험과 얻게 될 성과는 달라질 수 있다. 예측할 수 없는 돌발 상황의 발생이 당연한 것이라면 이러한 상황을 대비하고 극복하기 위해 제일 먼저 '무엇을 위해 해야 하는지', '왜 해야 하는

지'에 대한 본질적인 이해부터 시작해야 한다.

기업이 오랫동안 경험을 쌓아온 산업 영역에서 체화되어 있는 암묵지만 골라서는 안전하게 장수기업으로 살아남기가 쉽지 않다. 내외부에서 다가오는 변화에 예민하게 반응하고 진정성 있게 이해하고 대비할 때 변화로 인한 위기를 극복할 가능성이 커진다. 서서히 달라지는 시장의 흐름을 위기로 인지하지 못하고 있다가 오랫동안 사랑받던 제품들이 한순간에 이제는 아무도 찾지 않게 되기도 한다. 처음 터치폰이 개발된 이후부터 스마트폰, 태블릿 PC의 진화 속도를 따라잡기 힘들어진 지금, MP3 플레이어나 필름 카메라 회사들이 빠르게 우리 기억 속에서 사라져가는 모습을 보면 짐작할 수 있다.

따라서 기업은 시장을 주시하면서 계속해서 변화에 대비해야 하는데, 단 이때도 브랜드의 철학과 비즈니스의 본질을 잊어서는 안 된다. 무턱대고 변화를 좇아야 한다는 것이 아니라 기업이 정립한 본질에서 벗어나지는 않는지 지속적으로 되돌아봐야 한다는 뜻이다. 불안한 기업의 미래를 진단하는 데 모든 역량을 소모하기보다 기업의 본질을 적확히 이해하고 수시로 불거져 나오는 문제들을 해결하기 위해 고객에 대한 경험과 지식을 쌓는 일을 게을리 해서는 안 된다.

마케팅 팀장직을 맡은 이후 모나미가 참고할 수 있는 소비자 트렌드를 찾아 마케팅 활동에 반영하기 위해 매년 기다리는 책이 있다. 다름 아닌 김난도 서울대 교수의 『트렌드 코리아』다. 2009년부터 매년 출간된 『트렌드 코리아』시리즈에서 언급한 수많은 키워드 중 가장 주목한 것은 2020년의 '초개인화'와 2023년의 '평균 실종'이다. 초개인화란 개인의 상황과 필요에 맞게 기업이 개별적으로 맞춤 혜택을 제공한다는 뜻이다. 평균 실종은 평균을 내는 게 의미가 없어진 현상으로, 나만의 취향과 개성대로 소비하는 N극화 시대를 말하며 초개인화와 같은 맥락이라고 볼 수 있다.

두 가지 키워드 모두 궁극적으로 기업이 개별 소비자의 취향을 얼마나 세심하게 맞출 수 있는지가 핵심이다. 다시 해석하면 빅데이터를 기반으로 개인의 프로파일을 분석한 후, 소비자 한 명 한 명의 고유한 니즈를 예측하여 적절한 서비스와 상품을 제공해야 한다는 뜻이다. 그러나 모나미는 『트렌드 코리아』에서 말하는 초개인화를 조금 다른 방식으로 구현했다. 빅데이터를 활용하기보다 고객들이 직접 자신의 니즈를 반영하게 하는 형태로, 데이터 분석에 의한 초개인화 기술보다 더 진정한 개인화를 위해 고객과 함께한 것이다.

모나미는 고객이 무엇을 원하는지 분석하는 것보다 원하는 것을 스스로 표현할 수 있게 하는 것이 더 유용하다고 판단했다. 초개인화에 대응해서 커스텀 마케팅을 적극적으로 활용하고 있는데, 실례로 153 볼펜의 구금, 바디, 노크와 잉크 색상 등 원하는 조합으로 직접 제품을 조립할 수 있는 153 DIY 키트, 만년필 잉크를 섞어 원하는 색상으로 만드는 잉크랩 등을 개발했다.

결국 초개인화란 기업 이윤을 극대화하기 위해 기업 관점에서 타깃팅하여 만들어진 제품이 놓치고 있는 제품의 본질에 집중하자는 뜻이 아닐까? 이제 모두에게 사랑받으려는 제품이나 서비스는 통하지 않는 시대다. 타깃층을 뚜렷하게, 한 명 한 명에게 닿을 수 있도록 제품 본질의 가치를 담는다면 의미 포화의 시대에 브랜드 메시지를 보다 온전히 전달할 수 있을 것이다.

153 볼펜의 구금, 바디, 노크와 잉크 색을 취향에 따라 조립하는 DIY 키트

디자이너 출신 마케터

강연을 다니거나 외부 업체와 미팅을 할 때 디자이너 출신이라는 이야기가 나오면 놀라는 사람들이 많다. 디자인에서 마케팅으로의 직종 변경이 아주 흔하지는 않아서 관련 질문을 받는 경우도 종종 있다. 나는 마케팅에는 문외한이었던, 일반적인 미대 루트를 밟은 디자이너였다. 미술을 본격적으로 배우기 전부터 교내외 미술 대회에서 상도 곧잘 받았고 시각디자인학과를 졸업하여 디자이너로 처음 취직했을 때, 이것이 나의 평생 직업이 되리라는 것에 한 치의 의심도 없었다. 이후 디자인 전문회사를 거쳐 모나미 디자인팀에 입사하고서도 7년은 디자이너로 일했다.

우연한 기회에 디자인과 마케팅 겸직을 시작하게 되었

지만 결과적으로 디자인 경험은 모나미를 리브랜딩하는 데 근간이 되었던 디자인 씽킹에 중요한 역할을 했다. 15년차 디자이너는 어쩌다가 마케팅에 발을 들이게 되었을까?

　모나미에 입사한 지 7년째가 된 어느 날 회장님의 호출을 받았다. "마케팅팀을 맡아볼 생각이 있나?" 잠시 머리가 하얘지고 아무 대답을 하지 못했다. 지금까지 디자인만 해왔는데, 갑자기 왜 마케팅을 맡기시겠다는 걸까? 이건 기회일까, 아닐까?

　시간이 지나고 알게 된 바로, 당시 모나미에서는 획기적인 변화가 필요한 시기라는 내부 판단이 있었다. 기존과 다른 감성 마케팅, 리브랜딩을 위한 디자인 씽킹 도입에 맞는 적임자를 찾던 중 디자인 결과물을 보고하느라 프리젠테이션으로 경영진의 눈에 익은 디자이너인 내가 물망에 올랐던 것이다. 디자인적 사고를 마케팅과 디자인에 적용하고 혁신적인 기업으로 변화하는 그림을 그리자는 회사의 목표 아래에서 같은 배에 올라타게 되었다.

　생소한 분야로의 직종 변경을 덥석 받아들인 이유는 단순했다. 디자이너로 일하던 시간 동안 내가 하고 싶은 디자인이 마케팅 기획 단계에서부터 구상하여 의미와 기호가 결과물로 이어지는 디자인이었기 때문이다. 보통 기업 마케터는 광고 디자인 기획안을 작성하고 디자이너에게 제작을 의뢰한다. 그러면 프리랜서나 인하우스 디자이너가 의뢰인이 가리키는 방향을 따라 작업물을 완성한다. 두 업무는 과정상 이어지지만 서로 원하는 바가 교차하기는 쉽지 않다. 내가 직접 마케터가 되면 마케팅과 디자인 사이의 연결을 더 촘촘하게 만들 수 있지 않을까? 그때는 그 정도의 생각이었다.

당시 나는 40대 중반이었는데, 회사를 다니다 보면 다시 학교에 다니고 싶어지는 것처럼 익숙한 일에서 벗어나 새로운 일을 시작한다는 데 설렘과 두려움을 동시에 느꼈다. 인사이동이 정해지고 일단 마케팅 서적 중 바이블이라고 할 만한 책들을 읽고, 브랜딩 담당자들의 마케팅 강연을 따라다니고, 마케팅 관련 유튜브 영상들을 찾아보면서 매일 네 시간 이상은 지식을 쌓고 정보를 모았다.

개인적으로는 기본기를 채우는 데 집중했으나 팀장으로서 경영학과 출신의 팀원들에게 그들이 나보다 더 잘 알고 있을 마케팅 이론에 대해 가르치려 하지는 않았다. 다만 같은 출발선상에서 모나미의 마케팅팀이 디자인 씽킹에 친숙해지기를 바랐다. 디자인적 아이디어 발상법, 디자인 씽커 되기 등 관련 주제를 매주 발제하면서 마케터들과 왜 창의적인 발상이 필요한지 지속적으로 아이데이션을 나누는 시간을 가졌다.

창의성을 기르는 방법에는 수만 가지가 있지만, 무엇보다 팀 분위기가 자유로워야 한다. 누가 됐든 업무적으로 보복당할 염려 없이 의견을 주고받을 수 있는 안정적인 환경이 창의적인 마케터를 만드는 첫 번째 조건이다. 연혁이 오래된 기업이든 스타트업이든 딱딱한 기업문화를 가지고 있다면 팀 내에서만이라도 이 부분을 완화시키는 것이 가장 큰 숙제가 아닐까 싶다. 팀장과 팀원은 상하관계이기 전에 매일 얼굴을 마주하고 업무의 결과를 함께 책임지는 동료이며, 팀장은 팀원들의 고민을 함께 나누는 모습을 보임으로써 결정권자가 아닌 조력자가 되어주어야 한다. 각자 맡은 업무가 다소 어렵더라도 언제든 팀장이 뒷받침해줄 거라는 안정감이 있다면 주체적이고 자발적으로 창의적인 아이데이션을 만들어나갈 수 있다.

팀원들과 마케팅 기획을 짤 때는 고객의 입장에서 '왜'라는 질문을 던지고 답을 찾아내는 과정을 반복하면서 기획안을 함께 발전시켜나간다. 비용도, 회사의 방향성도 중요하지만 무엇보다 마케팅은 고객의 관점에서 시작되어야 한다는 점을 명심해야 한다. '이 제품을 왜 사려고 할까?', '왜 이 브랜드와의 컬래버레이션이 필요할까?' 등 제품의 실제구매층인 고객들의 입장에서 생각하게 했다.

그리고 마케터들에게는 무엇보다 마케팅 경험을 쌓는 것이 중요하다. 처음부터 완벽한 기획을 짜려고 하기보다 완벽을 향해 가기 위해 단계별로 상황에 맞게 빠르고 도전적으로 시도하라고 강조한다. 그렇게 실시한 마케팅 활동은 꼭 팀원들과 함께 리뷰했다. '이번 마케팅은 왜 SNS에 후기가 적을까?', '그때 행사에서의 문제는 미리 대비할 수 있었을까?' 같은 질문을 통해 무엇이 잘되고 무엇이 잘못되었는지 동료들과 의견을 나누면서 다음번에는 조금 더 완성도 높게 기획, 실행할 수 있도록 말이다.

이는 내가 신입 디자이너였을 때 배우고 이후에도 꾸준히 반복해왔던 방법들이다. 내가 진행한 마케팅 결과에 대해 아픈 곳을 찌르는 피드백을 들어도 겸허히 받아들일 수 있는 강한 마음가짐이 필요하긴 하다. 하지만 프로젝트마다 리뷰를 규칙적인 습관으로 만들어 충실히 지켜나간다면 서로 부족한 부분을 채울 수 있고 분명히 다른 사람에게서 배우는 점이 있을 것이다.

어쩌다 보니 비전공자인 내가 마케팅팀을 맡게 되었지만 창작자 마인드가 없이는 좋은 마케터가 되기 어려운 시대다. 남들을 따라 하지 않고, 한 발 앞서는 마케터가 되기 위해 디자이너 이상의 크리에이티브가 필요해졌다. 그리고 모나미의 크리에이티브는 153이라는 날개를 달고 확장되었다.

모나미에게 153이란

1960년 광신화학공업사로 시작한 모나미는 처음에는 물감과 크레파스를 만들어 판매하는 회사였다. 그 당시 주력 제품이었던 '왕자파스'를 아는 사람이 있을지 모르겠다. 주로 수출이 많았던 왕자파스는 최근까지도 튀르키예에서 크레파스 브랜드 1위 자리를 차지할 정도로 유명한 제품이다.

그로부터 3년 후인 1963년 모나미를 대표하는 제품이자 지금까지 43억 자루가 판매된 153 볼펜이 출시되었다. 43억 자루면 14.5센티미터 길이의 153 볼펜을 줄 세웠을 때 지구를 열다섯 바퀴 돌 수 있는 정도다. 매출 순위로 보자면 네임펜, 유성매직, 153 볼펜, 보드마카, 프러스펜

3000, 매직 순이지만 생산량으로는 153 볼펜이 압도적으로 많다. 베스트셀러를 넘어 메가히트 상품이라고 말할 수 있는 153 볼펜은 전성기에는 하루 평균 120만 자루를 생산했으며 지금도 하루에 20만 자루, 연간 1억 자루의 판매량을 유지하고 있다. 그만큼 모나미를 소개할 때 빼놓을 수 없는, 모나미의 얼굴이 되는 제품이다.

물감과 크레파스를 만들던 모나미는 왜 당시 한국에는 들어오지도 않은 '볼펜'을 만들기로 했을까? 1960년대 초, 당시에만 해도 한국은 펜대에 펜촉을 꽂아 잉크를 찍어 쓰는 필기 방식을 사용하고 있었다. 한두 글자를 쓰고 다시 펜촉에 잉크를 묻혀야 하는 과정이 여간 불편한 것이 아니었고, 잉크를 엎질러서 며칠 밤을 지새워서 쓴 원고를 망치기 일쑤였다.

그러던 중 모나미 창업주인 송삼석 명예회장은 1962년 국제산업박람회에 참가했다가 낯선 물건을 발견했다. 일본 유통업체 측 직원이 양복 안주머니에서 꺼내 사용한 '볼펜'이 그것이다. 송 회장은 그 자리에서 볼펜 한 자루를 얻어 바로 제조사를 수소문해 일본까지 찾아가 가까스로 유성잉크 제조 기술을 알아냈다. 이후에도 수천 번의 실패 끝

'볼펜은 모나미!' 1960년대 신문 광고

에 1963년 5월 1일 첫 모나미 153 볼펜이 탄생했다. 잉크와 펜대, 펜촉을 하나의 자그마한 플라스틱 통 안에 넣어 언제 어디서나 편리하게 휴대하며 사용할 수 있어 그 당시 혁신적인 물건으로 소개되었다.

　　2023년, 지금도 153 볼펜의 가격은 300원이다. 이윤 추구만을 목적으로 삼았다면 지금처럼 모나미가 많은 사람들에게 사랑받기는 어려웠을지도 모른다. 153 볼펜 개발은

1960년대 문구박람회에 참석한 모나미

153 리미티드 에디션

BALL POINT PEN

BALL
POINT
PEN

Monami designed
and crafted the 153
Ball Point Pen
in metal to inspire
people to express
themselves and
connect with others
to touch their hearts
and minds.
Original simple
hexagonal design
captures the essence
of Monami to
continue the tradition
into the new era.

잉크를 따로 들고 다닐 필요도 없고 연필처럼 쉽게 지워지지도 않는 필기구가 있다면 정말 편하겠다는 단순한 생각에서 시작되었다. 필기문화가 개선된다면 자연스럽게 가치도 높아질 것이라고 생각했다.

2015년 홍대 컨셉스토어를 통해 고객들에게 그전과 다른 레트로 이미지로 많은 관심을 얻게 되면서 이후 수많은 기업과 브랜드에게 153 제품과의 컬래버레이션을 제안받았다. 지난 8년간 받은 제안만 300여 건이 넘는다. 그만큼 153 볼펜은 모나미의 시그니처이자 없어서는 안 될 제품으로 자리매김했다. 지금 회사명인 모나미도 모나미 153 볼펜의 제품명에서 따왔을 정도다.

회사가 크든 작든 각각의 기업은 모두 자사를 대표하는 (또는 그러기를 바라는) 로고나 제품, 서비스를 가지고 있다. 고객들에게 단번에 기업을 떠올리게 하는 제품이나 이미지를 가지고 있다면 브랜딩의 접점이 한결 많아진다. 예를 들어 애플의 사과 모양 로고, 몰스킨의 다이어리처럼 대중들에게 하나의 이미지로 각인된 브랜드라면 다른 기업들보다 한참 앞선 출발선에서 시작할 수 있는 것이다. 그런 면에서 브랜드 이미지를 확실하게 자리매김한 모나미 153

볼펜과의 컬래버레이션은 브랜드를 부각시키고 싶어 하는 기업의 니즈와 잘 맞물린다.

한 사례로 2017년 현대자동차는 소형 스포츠유틸리티 차량(SUV) 코나(KONA)를 출시하면서 모나미에 153 한정판 에디션을 의뢰했다. 세라믹 블루, 블루라군, 애시드 옐로우, 텐저리 코멧 등 코나를 떠올리게 하는 외장 색상 네 가지를 활용하여 디자인했고 전국 현대자동차 매장에서 코나 구매를 상담하는 소비자들에게 두 가지 색상이 한 세트로 제공되는 구성이었다. 수천만 원을 호가하는 자동차와 300원짜리 볼펜의 만남이 어색하지는 않을까 걱정했지만 출시된 이후에는 고객들의 좋은 반응을 얻을 수 있었다.

기업들은 컬래버레이션을 통해 고객들에게 새로운 브랜드 이미지를 전달할 수 있고 기업 마케팅의 일환으로 사은품 라인업을 확장하여 생활 속에 지속적으로 노출시킨다면 오래도록 기업 이미지를 고객에게 전달할 수 있다. 모나미도 문구 기업으로 잘 알려져 있지만 온·오프라인 매장에서는 필기구뿐 아니라 마케팅 전용 상품으로 모나미 양말, 모나미 모자, 모나미 티셔츠 등을 직접 판매하고 있는 것도 전부 이와 같은 이유에서다.

브랜딩 담당자로서 153 볼펜 같은 소스가 있다는 건 행운이지만 협업 제안이 99%는 153 볼펜으로 들어오기 때문에 시간이 흐를수록 고객들이 지루하게 느끼지는 않을까 걱정이 되기도 한다. 300원이라는 저가 이미지가 모나미 리브랜딩에 걸림돌이 될 수 있다는 점도 무시할 수 없었다. 이는 지금도 계속해서 고민하고 가장 신경 쓰는 지점이다. 모나미의 본질, 아이덴티티의 근본을 해치지 않도록 그만큼 협업하는 브랜드를 고심하고 디자인과 히스토리라는 장점을 부각시키는 방향을 모색하고 있다.

지극히 평범한 모나미의 특별함

153 볼펜은 디자인이 화려하거나 눈에 띄지는 않는다. 바디(배럴), 구금(팁을 감싸는 덮개), 노크, 스프링, 심(잉크튜브와 팁)의 다섯 개 부품만으로 구성되어 있으며 볼펜의 가장 본질적이고 실용적인 기능 외에는 어떠한 장식이나 추가 옵션도 들어 있지 않다. 오롯이 빠른 생산에 최적화된 형태의 디자인으로 합리적인 가격, 아니 다소 저렴하다고 느껴질 정도의 가격으로 판매되는 제품이다.

눈에 띄게 다른 점이 있다면 클립이다. 153 볼펜에는 클립이 없다. 클립의 주된 기능은 노트나 셔츠에 끼울 수 있는 편리성에 있지만 책상 위에서 펜이 또르르 굴러 떨어지지 않게 하기 위한 스토퍼의 역할에도 있다. 그러나 153 볼펜은 사용도가 크지 않은 클립을 제거하여 부품 수를 줄이는 대신 구름 방지 기능을 위해 육각의 바디로 디자인했다. 현대 건축의 3대 거장 중 하나인 미스 반 데어 로에가 말한 'Less is More.', '단순한 것이 늘 최고는 아니다. 그러나 최고는 늘 단순하다.'에 충실한 제품이다.

모나미는 평범함 속에 숨겨진 감동, '슈퍼 노멀(super normal)'을 지향한다. 2006년 무인양품 수석 디자이너인 후카사와 나오토와 영국 제품 디자이너인 재스퍼 모리슨은 도쿄와 런던에서 슈퍼 노멀을 주제로 지극히 평범한, 그러나 그래서 특별한 제품 200여 개를 전시했다. 슈퍼와 노멀, 두 단어의 조합은 다소 아이러니하다. 하지만 곰곰이 따져보면 평범함의 한계를 넘어서는 동시에 평범한 것이 최상의 것이 될 수 있다는, 즉 상반되는 것들은 서로 통한다는 역설을 이야기하고 있다.

디자이너들은 대체로 어떤 것이든 특별하게 표현하려 한다. 그러나 153 볼펜뿐 아니라 네임펜, 유성매직, 프러스펜 3000, 보드마카, 병매직 등 모나미의 여섯 가지 대표 제품들은 모두 지극히 평범하다. 이 여섯 가지 품목은 아직도 모나미의 캐시카우(cash cow) 역할을 하는 핵심군으로 기본에 충실한 제품들이다. 모나미는 시그니처 제품들에 최

최소한의 부품으로 특별함을 구현해낸 153 볼펜

오리지널 디자인을 그대로 재현한 BP 153 오리지널

소한의 핵심적인 기능만 부여해 가성비가 좋은 가격으로 60여 년이라는 긴 시간 동안 판매해왔다.

취향 경제와 기술 발전과 1인 미디어의 레이어들이 겹쳐지면서 아주 다양한 제품들이 본질을 외면하고 단순히 차별화를 위해 심미적인 외형과 재질만 바꿔 시장에 쏟아져 나왔다. 기업들은 시각적인 차별화로 고객에게 특별함을 주려 했지만 모두가 차별화를 외치는 바람에 결국 고객들은 제품에서 다름을 발견하기가 어려워졌다.

지금은 특별해 보이는 것이 너무 많아서 특별한 것이 평범하게 느껴지고, 오히려 지극히 평범한 것이 특별하다고 생각하는 시대다. 이것은 앞에서 말한 '본질'의 중요성으로 되돌아간다. 브랜드의 본질에 대해 오랜 기간 일관되게 집중할 수 있는 힘이야말로 강력한 브랜드를 만드는 기초적인 방법이다.

모나미는 소비자가 필요로 하는 최소한의 기능을 누구나 부담 없이 구입해서 사용할 수 있을 합리적인 가격으로 제공했다. 화려하지도 않고 밋밋하고 단순한 형태의 153 볼펜이 베스트셀러 이상의 메가 브랜드의 자리를 유지할 수 있었던 이유는 바로 제품의 쓰임에 충실했기 때문이다.

그래서 마케터가 된 이후 가장 먼저 모나미 브랜딩의 방향성을 다음과 같은 카피 한 문장으로 표현했다. '평범하더라도, 화려하지 않더라도 진정성을 가지고 본질에 집중한다면 그 평범함은 특별함이 된다.' 여기까지 우리는 브랜드의 근간을 채우는 방법에 대해 이야기했다. 그럼 이제 깨달은 바를 고객들에게 전해야 한다.

브랜딩은 고객과 진정한 관계를 맺는 것이다

　　기업에서 법인(法人)은 '법으로 만들어진 인격체'라는 뜻이다. 브랜딩을 위해서 우리도 기업을 가상의 인간으로 생각해볼 수 있다. 고객들은 사람에게 감정을 느끼는 것처럼 기업의 이미지에도 크게 좌우된다. "우리는 우리의 터전, 지구를 되살리기 위해 사업을 합니다.(We're in business to save our home planet.)"라는 파타고니아의 비전에 환경을 생각하는 소비자들이 호응하는 것도 같은 이유 때문이다. 고객들은 기사나 캠페인을 통해 기업의 핵심가치를 알게 되고 그에 따라 이 브랜드라면 '믿고 사는' 팬덤이 생기기도 한다. 이러한 감성적 브랜딩의 영역은 이성적 마케팅과 한 바구니에 넣고 생각할 수 없으며 분리해서 각각의 특성에 맞는 전략을 세우고 실행해야 한다.

사랑받는 브랜드를 만들기 위해서는 소비자와의 관계에 감성이 끼어들어야 한다. 이성만으로는 설명하기 어려운 취향이 개입될 때 소비자와 브랜드 사이에 강한 애착이 형성된다. 소비자와 브랜드의 관계가 [인간 : 상품]이 아니라 [인간 : 인간]의 관계로 겹쳐지면 소비자가 브랜드에 감정을 이입하게 되며 특정 브랜드에 대해 소비자의 자아동일시가 강하게 작용한다.

모나미 역시 단순히 필기구를 파는 문구회사에서 벗어나 '경험을 파는 회사'로 포지셔닝을 다시 설정했다. 소비자와 교감하는 감성 브랜드로 거듭나기 위해 첫 번째로 시도한 것이 모나미 컨셉스토어다. 제품을 판매하는 것에서 그치지 않고 기업의 브랜드 경험을 파는 실물 공간에 소비자를 초대함으로써 기억에 남는 공감각적 콘텐츠로 진정한 소통을 시도한 것이다. 그동안은 제품을 앞세워 모나미의 메시지를 전했다면, 이제는 모나미와 함께 자란 사람들의 모나미에 대한 추억, 감동, 사랑, 재미를 통해 고객과 끈끈한 관계로 확장하려 했다.

오늘날 브랜딩에서 기업과 고객 사이의 정서적 유대

관계를 넓히고 확고히 하는 것은 그 어느 때보다 중요하다. 더 이상 과장된 광고나 홍보로는 사람들의 마음을 얻기 어려운 시대다. 모나미가 프랑스어로 'Mon ami(나의 친구)'인 것처럼 고객을 단순히 일회성 판매 대상으로만 보지 않고 친구 같은 개념으로 접근해야 한다.

고객의 마음속에 자리 잡아 쉽게 잊히지 않는 브랜드가 되기 위해서는 그들이 쓰는 언어를 사용하고, 그들의 생각과 변화를 주시하고, 그 흐름에 대비해야 한다. 소비자와 함께하는 브랜드, 소비자 중심의 인간적인 브랜드, 고객과 기업이 서로 신뢰할 수 있는 브랜드로 거듭나기 위해 우리는 모든 것의 시작을 고객에서부터 하고 고객에게서 해결책을 찾아야 한다.

2부

확장된 사고, 디자인 씽킹

빨리 실패하고 자주 실패하기

벌써 10년도 더 지난 이야기다. 어느 날 당시 디자인 팀에서 일하고 있던 나에게 회장님이 '디자인 씽킹(Design Thinking)'에 대해 알고 있느냐고 물었다. 처음 듣는 단어였다. 디자이너들의 아이디어 발상법 같은 건가? 그리고 왜 갑자기 나에게 디자인 씽킹에 대해 물어보셨을까? 어물어물 대답을 흐렸던 나는 자리로 돌아와 뒤늦게 디자인 씽킹에 대해 찾아보기 시작했다.

지금은 CCC의 마스다 무네아키와 에어비앤비, 우버 등 실리콘밸리의 성공한 스타트업 사례를 통해 많이 알려졌지만 당시에는 관련 자료를 찾기가 쉽지 않았다. 디자인 (적) 사고라고 불리는 디자인 씽킹은 디자이너처럼 사고하는 것, 즉 결과물을 정해놓지 않고 고객의 문제해결을 중심으로 사고하는 것을 말한다. 이때 디자이너의 문제해결 방식이란 스탠퍼드 디스쿨(Institute of Design at Stanford)에 따르면 ① 공감하고 ② 문제를 정의하고 ③ 이를 해결하기 위해 아이디어를 도출하고 ④ 프로토타입을 제작하고 ⑤ 사용자 테스트 단계를 거친다.

디자인 씽킹을 키워드로 검색하다가 미국 ABC 방송에서 'The Deep Dive: One company's secret weapon for innovation'이라는 제목으로 22분 분량의 뉴스를 발견했다. 이 방송에서는 미국의 혁신적인 디자인 회사로 불리우는 아이디오(IDEO)의 디자인 프로젝트 하나를 소개하고 있었다. 일반적으로 제품디자인 개발 프로젝트에는 최소 수개월이 소요되지만 미국 유기농 식품 마트인 홀푸드(Whole Foods)를 클라이언트로 하는 이 프로젝트는 5일 안에 쇼핑 카트 디자인을 완료했다.

아이디오는 이 짧은 시간 동안 디자인 씽킹을 그대로 구현해냈다. 구성원의 전문성을 바탕으로 홀푸드 쇼핑 카트를 관찰하고, 브레인스토밍과 아이데이션, 프로토타이핑으로 시제품을 만들어보면서 빠르고 정확하게 문제점을 찾아 개선하는 모습이 인상적이었다. 그들은 프로토타이핑을 진행하는 과정에서 나타나는 오류를 수정하는 유연성과 민첩함을 중요하게 생각하고 있었다. 그리고 일찌감치 실패를 맛봐야만 성공에 더 빠르게 접근할 수 있다고 이야기했다.

현실적으로 세계 어느 곳이든 기업은 직원들의 실패에 관대하지 않다. 그뿐 아니라 조직 내에서 지속적으로 실패한다면 능력에 대한 의심을 피할 수 없어진다. 그래서 아주 작은 실패도 두려워하고 실수를 감추기에 급급해하는 사람들도 자주 볼 수 있다.

양적 목표와 성과로 임직원을 평가하는 방식에 익숙한 기업들은 공정, 공평이라는 능력주의를 앞세워 정량적 평가에만 집중하고 있다. 이에 길들여진 직원들은 실패에 대한 부담이 커지고 성공할 확률이 적은 프로젝트에는 선뜻 나서지 않는다. 결국 혁신적인 기업문화를 위해서는 CEO를 포함하여 리더들이 실패도 창의적인 문제해결을 위한 하나의 과정이라고 생각하고 직원들의 실험주의를 장려해야 한다.

그래서 아이디오가 일주일 안에 시제품을 뚝딱 만들어내는 모습이 처음에는 와닿지 않았다. 그동안 모나미 제품 개발 과정을 보면 짧게는 6개월에서 길게는 1년이 넘게 걸리는 경우도 허다했다. 필기구(筆記具)라고 하면 붓으로 적는, 기록하는 도구를 뜻하는데 영어로는 Writing Instruments로 매커니즘적 성격이 강해서 작동(working)을 시키기 위해 기계, 설계, 잉크 배합 등 전문적인 연구 및 제조 능력이 바탕이 된다. 다만 어렵고 복잡한 구조의 자동차나 휴대폰도 1년에 한 번씩 신제품이 나오는 것을 보면 당시 제품 개발 방식은 재검토할 필요가 있었다. 나에게 디자인 씽킹이라는 질문이 떨어진 것도 그 때문이었다.

모나미는 한 번에 완성품을 만드는 데 익숙해져 있었다. 실패의 두려움에 주저하느라 펜 하나를 만드는 데 1년 이상의 시간이 걸렸던 것이다. 디자인적으로 사고하는 기업들의 선례를 하나하나 살펴보면서 모나미에도 실패를 바라보는 다른 관점이 필요하다는 생각이 들었다. 새로운 시도가 실패로 끝나지 않도록 디자인 씽커가 되어 사고의 층을 쌓아올린다면 넥스트 스텝을 밟을 수 있지 않을까?

아이디오의 제품 개발 프로세스

모나미는 디자인 씽킹을 도모해보기 위해서 앞서 영상에서 알게 된 아이디오의 제품 개발 프로세스를 내재화하고자 아이디오에 아예 협업을 제안했다. 디자인 베이스의 아이디오는 클라이언트의 생산 수준이나 제작 방식을 모르기 때문에 모나미 제품디자인, 설계, 생산 담당자가 미국 팔로알토에 있는 아이디오 본사를 방문하여 모나미 프로젝트에 참여하게 되었다. 본인들이 개발한 제품을 양산하는 데 어떤 문제가 발생하는지 개발 단계부터 확인하는 과정을 거치지 않으면 기껏 작업한 디자인이 설계 단계에서 그치는 경우가 허다하기 때문이다.

모나미 제품을 디자인하는 5일 동안 관찰, 브레인스토

밍과 아이데이션, 프로토타이핑을 옆에서 직접 경험할 수 있었다. 제품 개발에 1년씩 걸리던 모나미는 시제품을 직접 보고 만지고 사용해보며 이번 기회에 신속한 신제품 프로세스를 정립하고 싶었다. 그래서 당시 7천만 원이 넘는 고가의 3D 프린터기를 구입해 프로젝트에 사용하기도 했다.

모나미는 특정 부서만이 아니라 임직원 모두가 디자인 씽킹의 혁신적인 프로세스를 익혀 업무에 적용하길 바랐다. 그래서 아이디오에 의뢰한 프로젝트가 끝나갈 무렵, 아이디오 측에 조심스럽게 디자인 씽킹 프로세스 매뉴얼을 요청했다. 아이디오는 디자인 씽킹에 특화된 기업이기 때문에 대외비 같은 내부 자료를 공유해줄 것이라는 기대가 크지는 않았다. 그러나 그들은 흔쾌히 현재도 사용 중인 내부 매뉴얼과 툴킷을 제공해주었다. 당시에는 몰랐지만 아이디오 CEO인 팀 브라운의 저서 『디자인에 집중하라』(김영사, 2010)를 보면 그가 얼마나 디자인 씽킹을 많은 사람에게 알리고 싶어 하는지 알 수 있다. 그는 예전부터 모든 조직은 내부인원을 디자인 씽커로 성장시켜야 한다고 강조해왔다.

덕분에 한국에 돌아와 디자인 씽킹 프로세스 매뉴얼과 HCD(Human Centered Design) 툴킷을 직원들과 공유하고 TF에 적용하기 시작했다. 실질적으로 아이디오만의 언어,

그것도 영어로 된 매뉴얼은 디자인 씽킹에 대한 기본지식
이 없는 상태에서는 이해하기 어려웠다. 설명 역시 구체적
이지 않아서 수없이 반복해서 읽었던 기억이 난다. 지금처
럼 디자인 씽킹에 대한 강의나 프로그램이 많지 않았던 시
기다. 낯선 용어에 대한 이해가 부족하여 프로젝트를 실행
하기가 쉽지는 않았다.

　　모나미가 아이디오의 프로세스를 체화한 방식은 다음
과 같다. 우선 창의성을 자유롭게 펼칠 수 있도록 다수의
소규모 팀을 꾸렸다. 제품개발 TF를 열 개 이상 만들었다.
그리고 PM(Product Manager)이 소비자 조사, 경쟁사 분석
등을 통해 기획하던 것을 이제는 각 분야의 전문성과 연관
성이 높은 관계자들을 최우선으로 하여 구성했다.
　　프로젝트마다 6~8명 정도로 PM, 디자이너, 마케터,
설계, SCM 그리고 해당 프로젝트에 관심도가 높은 직원들
이 선발되었다. 예를 들어 네일아트펜 개발 TF에서는 기존
개발 관련 담당자뿐 아니라 인사팀이든 재경팀이든 회사
내 네일아트에 관심이 있거나 직접 손톱을 관리하는 타 부
서 직원들도 참여시켰다. 원래 아이디오에서는 수십 년 동
안 해당 분야에 대한 정보와 경험을 가지고 있는 전문가들

로 TF를 구성하여 정확한 솔루션을 빠르게 찾아내지만, 아이디오 프로젝트의 프로토타입이라고 할 수 있는 모나미 프로젝트에서는 우선 회사 내 재원들을 최대한 비슷한 형태로 구성해보았다.

이렇게 10여 개의 TF가 서로 경쟁하듯이 고객의 숨은 니즈를 찾는 작업을 했고 아이디오의 프로세스를 가능한 한 충실히 따랐다. 네일아트가 가능한 젤네일펜, 병원에서 수술 부위를 표시하는 스킨라이너, 부엌에서 유효기간을 표시할 때 사용하는 키친마카, 아이들이 전기 실험에 쓸 수 있는 전도성펜 등이 이때 만들어진 제품이다. 시장 자체가 크지는 않았지만 불편함에 익숙해져 있던 고객들의 숨은 니즈를 찾아낼 수 있었다.

디자인 씽킹은 일상에서 쉽게 지나치던 추상적인 불편함을 가시적으로 구체화시키는 방식이다. 이때의 경험을 통해 남들이 보지 못하는 오류를 개선하는 DNA를 개발하기 시작했고, 1년이 넘던 개발 기간을 6개월 이내로 축소시키는 계기가 되었다.

아이디오의 팀 브라운도, CCC의 마스다 무네아키도 '모든 사람이 디자이너가 되어야 한다'고 강조했던 이유가 여기에 있다. 크게는 기업이, 작게는 하나의 팀이 시대의 흐름에 대응하기 위해서는 한 명의 디자인 사고를 따라가서는 안 된다. 모두가 디자인적인 사고를 해야 하고 모두에게 디자인 씽킹의 DNA가 필요한 것이다.

당신을 오늘 아침 불편하게 만든 그것

앞서 '불편함'을 발견하는 디자인적 사고에 대해 이야기했다. 그렇다면 기업들은 이런 일상 속 오류에 어떻게 대응하고 있을까? 2015년 잡지 〈패스트 컴퍼니〉가 선정한 세계에서 가장 혁신적인 기업 워비파커(Warby Parker)는 2010년 미국 펜실베이니아대학 와튼스쿨 동창생 네 명이 '안경 가격이 너무 비싸다'는 불만을 가지면서 시작되었다. 그들은 누군가 자신의 불만을 해결해주길 기다리는 대신 스스로 해결한 사례로 알려져 있다.

1997년 미국에서 연수를 받고 있을 때 안경을 잃어버려 안경점에 들렀다가 700달러가 넘는 가격에 깜짝 놀랐던 경험이 있다. 당시 미국에서 안경은 독점적이고 복잡한 유통구조 탓에 특별히 높은 가격대를 유지하고 있었다. 이에 워비파커는 중간 유통 단계를 없애고 전에 없던 온라인 시장을 개척하면서 창립 7년 만에 미국의 안경 시장을 완전히 뒤바꿔놓았다. 그들의 경영 전략에는 안경은 필수 아이템이고 그래서 더욱 가격 접근성을 낮춰야 한다는 의지가 담겨 있었다.

그들은 유통 절차를 간소화하는 해결책으로 온라인을 선택했고 직접 써볼 수 없다는 한계를 해결하기 위해 핵심 서비스인 '홈 트라이온(Home Try-On)'을 개발했다. 이는 소비자가 마음에 드는 안경 다섯 개를 골라 집에서 받아보고 최대 5일간 직접 착용해본 후 한 가지를 구매하면 2주 뒤에 맞춤 제작된 새 제품을 배송해주는 서비스다. 이를 통해 워비파커는 안경 가격을 시장 평균 가격의 5분의 1 수준으로 낮추었다.

불합리한 상황에 의문을 제기하는 도전정신이 없었더라면 그들은 기업 가치 3조 원대의 유니콘 기업이 될 수 없었을 것이다. 온라인에서 판매할 때 예상되는 문제점을 확장된 사고로 해결했고, 지금도 지속적으로 서비스를 개선해나가고 있다. '버추얼 트라이온(Virtual Try-On)'은 샘플을 받아 테스트하는 것도 귀찮은 소비자들을 위해 AR 기술을 활용하여 가상으로 안경을 피팅해볼 수 있는 서비스다. 안경점에 가야 받을 수 있는 시력 검사도 '프리스크립션 체크(Prescription Check)' 앱을 이용하면 누구나 그 자리에서 바로 시력을 측정할 수 있다. 온·오프라인을 연결해 D2C(Direct to Customer) 채널을 강화한 것도 성공의 비결 중 하나다.

그리고 유통과정에서 절감한 비용만큼 디자인과 품질에 재투자하는 선순환 구조를 만들었다. 안경테의 경우 명품 안경 브랜드들과 같은 셀룰로스아세테이트 등의 고급 소재를 사용하고 가죽은 150년 전통의 이탈리아 업체에서 납품받는다. 명품 못지않은 고급 소재를 사용하고 온라인에서 수집한 데이터를 기반으로 고객들이 원하는 제품을 지속적으로 출시하는 것, 워비파커의 구동력은 모든 비즈니스의 기본 중에 기본이며 기업이 기본에 충실했을 때 비즈니스는 지속성을 갖는다.

'온라인에서 안경을 누가 사겠어?' '안경은 패션 아이템이기 전에 써봤을 때 편해야 하는데 써보지 않고 판매가 가능할까?' 이런 생각에서 대부분 온라인 판매를 포기한다. 즉 판매 방식의 테두리 안에서 고민을 한다. 디자인 씽킹은 확장된 사고로 그 영역을 파괴하는 것에서부터 시작된다. 판매 형태의 고정관념을 없애고 '합리적인 가격의 안경을 원하는 소비자', 단 하나만을 고민하는 것이다.

영감을 받았던 다른 사례는 일반 기업이 아닌 미국 로체스터에 위치한 메이요클리닉(Mayo Clinic)이다. '환자의 필요를 최우선으로.(The needs of the patient come first.)'라는 슬로건의 메이요클리닉은 세계 병원평가에서 존스홉킨스 병원과 함께 매년 최상위에 랭크되는 병원으로, 난치병을 위해 혁신적인 치료법 개발에 힘쓰는 것으로 알려져 있다. 미국 작은 도시에서 시작한 병원이 어떻게 세계 의료산업 혁신의 상징이 될 수 있었을까?

브랜딩을 하면서 특히 이 병원에 주목했던 이유는 이곳이 2000년대 초반에 아이디오에 '의사와 환자는 어떻게 소통해야 하는가?'로 컨설팅을 의뢰했기 때문이다. 메이요 의학부에서는 '지금까지 의학은 가설을 세우고 리서치를 실행하는 방식으로 발전되어왔는데, 효율적인 치료 과정에 대해서는 같은 방식으로 접근한 적이 없다'라는 의문을 품게 된다. 이에 의뢰를 받은 아이디오는 SPARC(See, Plan, Act, Refine, Communicate)라는 연구실을 세워 환자 경험, 즉 고객만족도를 높이고 치료의 효율성을 높일 수 있는 방법을 연구하기 시작했다.

　디자이너 한 명, 프로젝트 매니저 한 명으로 시작한 SPARC는 공항처럼 키오스크 체크인 방식을 도입하고 진료실을 리디자인하는 등 의료 서비스 경험을 환자 중심으로 개편해나갔다. SPARC는 성과를 인정받아 이후 CFI(Center For Innovation)라는 혁신 센터로 자리를 잡았다. 그들은 개선된 결과를 환자뿐 아니라 의사, 간호사, 보호자 모두에게 적용하여 '병원의 모든 구성원이 존중과 편안함을 느낄 수 있게 하는 것'을 추구하고 있다.

　이후 메이요클리닉의 CFI가 서비스 디자인의 성지로 소개되면서 명지병원의 IT융합연구소, 삼성서울병원의 'Happinnovation', 세브란스병원의 '창의센터', 서울아산병원의 '이노베이션디자인센터' 등 국내에 병원혁신 전담 부서들이 생겨나기도 했다.

　기업의 마케터들이 고객의 니즈를 찾아 채워주려 하는 것처럼 메이요클리닉은 의사도 간호사도 보호자도 아닌, 그들의 진정한 고객인 환자의 불편함을 해결하기 위해 노력했다. 이제 50명이 넘는 디자이너와 연구원이 근무하는 CFI는 환자들에게 차별화된 최고의 서비스를 제공한다. 어떤 진료과를 선택해야 할지 알 수 없을 때 의심되는 각 분야의 의료진이 함께 진료하는 통합 의료시스템, 외국인 환자를 위한 35개국 언어 통역서비스, 환자 상황에 맞춘 회진 시간 등 환자 중심 운영에 방문객들은 나만을 위한 병원이라는 인상을 받고 병원은 효율적 운영과 차별화, 고객들의 신뢰로 수익을 높이고 있다.

두 브랜드는 내가 강연할 기회가 있을 때마다 꼭 소개하는, 디자인 씽킹을 활용한 마케팅 사례다. 이미 알고 있는 사람들도 많을, 잘 알려진 곳들이지만 아직도 중요하게 생각하는 이유는 오랜 기간 기치가 변하지 않고 지속적으로 성장하고 있기 때문이다. 수많은 브랜드들이 반짝하며 등장했다가 사라지기를 무수히 반복하는 지금, 본질적인 가치에 집중하고 흔들림이 없는 두 브랜드의 행보에 주목할 필요가 있다.

디자인 씽킹의 아이디오, 환자 중심의 메이요클리닉, 불공정을 개선한 워비파커 모두 경쟁자를 이기기 위한 마케팅을 하고 있지 않다. 이들이 공통적으로 이야기하는 것은 '인간 중심'이다. 끊임없이 고민하고 최선을 다하는 대상은 오직 고객이며, 이는 고객 한 명 한 명에게 감동을 줄 수 있는 기업은 더 이상 경쟁자를 의식할 필요가 없다는 반증이기도 하다. 두 기업은 기업의 존재 의미가 기업 이윤이라는 구시대적인 기업경영 방식에 매몰되지 않고, 오히려 국가나 정부가 해야 하는 사회 문제를 해결하여 그 분야에서 최고가 된 사례라는 점에서 주목할 만하다.

공공디자인과 디자인 씽킹

디자인으로 공적 가치를 지향하는 것을 공공디자인이라고 한다. 사회적 가치를 실현하는 공공디자인에 대해 쉽게 이해할 수 있었던 사례 중 하나가 영국의 교통신호 시스템이다. 이는 대표적으로 생활안전을 더하는 공공디자인 사례로 볼 수 있는데 큰 맥락에서 확장된 사고를 통해 문제를 해결한다는 점이 디자인 씽킹과 연결된다.

영국인은 공공신호를 잘 지키는 준법정신이 강하다고 알려져 있는데, 이러한 성향을 단순히 국민성으로만 이해할 수는 없을 것이다. 런던 시내 횡단보도를 보면 신호등이 법규를 지킬 수밖에 없도록 설치되어 있음을 알 수 있다.

일반적으로 한국에서는 정지선보다 한참 앞에 신호등

정지선을 지나치면 운전자가 신호를 확인하기 어려운 영국 교통신호 시스템

이 세워져 있어서 정지선을 지나쳐도 신호를 지키는 데에는 문제가 없다. 그러나 왼쪽 영국 신호등 사진을 보면 운전자가 정지선을 지나치면 운전석에서는 교통신호를 확인하기 어려운 위치에 신호등이 놓여 있다. 정지선을 조금이라도 지나쳐 정지한다면 언제 출발해야 하는지 알 수 없어 초조하게 기다려야 한다. 뒤차가 경적을 울릴 때까지 기다려야 할 수도 있다. 이런 상황을 피하기 위해서 더 주의하여 정지선을 지키려 노력한다는 것이다. 이는 자동차가 횡단보도를 침범하는 문제를 해결하기 위해 운전자가 아니라 보행자의 관점에서 사고하여 운전자의 행동을 통제한 사례다.

이렇게 추가로 비용을 발생시키지 않으면서 신호등의 위치만으로 교통사고율을 줄이는 것이 공공디자인이자 디자인 씽킹이다. 일반적으로 공공 영역에서 확장된 사고를 통해 문제를 해결하는 것을 공공디자인 또는 도시디자인이라고 한다.

다른 사례로 덴마크 코펜하겐의 수페르킬렌(Superkilen) 프로젝트가 있다. 코펜하겐 북쪽의 뇌레브로(Nørrebro) 지역은 62개국에서 온 이민자들이 살고 있는 빈민가였다. 덴마크 정부는 언어도 다르고 문화도 달라서 분열되어 있던 이민자 밀집 지역인 뇌레브로를 덴마크 사회로 포용하고 지역사회의 분쟁을 해소하기 위해 방치된 750미터의 공공 부지를 공원으로 정비하는 도시 재생 사업, 수페르킬렌 프로젝트를 시행했다.

세 개의 구역을 세 개의 색깔로 나누어 '붉은 광장'은 스포츠와 문화 활동을 위한 공간으로, '녹색 공원'은 도심 속 공원으로, '검은 시장'은 두 공간을 이어주는 도시형 거실 콘셉트로 조성되었다. 팔레스타인에서 온 흙, 이스라엘과 파리에서 온 맨홀, 중국의 나무 등 모든 시설물을 여러 문화권에서 직접 공수하여 문화간 교류를 유도했다. 수페르킬렌 프로젝트를 통해 동서로 분리되었던 이웃들이 교류를 시작하고 다른 지역에서도 찾아오는 등 뇌레브로의 대표 문화 공간으로 거듭나면서 공공디자인의 우수 사례로 꼽히고 있다.

이처럼 디자인 씽킹의 핵심은 결론을 미리 정해놓지 않고 고객(시민)의 관점에서 사고를 확장해나가는 것에 있다. 어느 한쪽의 노력이나 역할만으로는 디자인 씽킹을 시도할 수 없다. 시민들이 왜 서로 교류하지 않는지에 대해 공감했고 그 이유를 찾아냈으며 적절한 아이디어를 도출했

다, 그리고 이를 시각화해냈다 행동결제하이 넘지호과아도 비슷한데, 공간을 마련하고 시민들이 스스로 참여할 수 있도록 사회문제를 해결한 사례다. 그래서 디자인 씽킹은 결과물도 멋지지만 그 과정을 들여다봤을 때 더 재미있는 문제해결방식이다.

디자인 씽킹의 세 가지 조건

디자인적 사고가 바탕이 되는 마케팅과 그렇지 않은 마케팅은 확연히 구분된다. 수년간 서비스 디자인과 디자인 씽킹을 공부하며 느낀 가장 중요한 세 가지 키워드는 인간 중심, 확장된 사고 그리고 관찰이다. 창의적으로 발상하는 디자인 씽커, 기업에 대한 충성도가 높고 브랜드를 사랑하는 브랜더(brander)가 되기 위해서는 이 세 가지를 명심해야 한다.

첫 번째, 본질을 이해하는 인간중심적 사고. 디자인 씽커는 사람들의 행동을 관찰하고 그들의 경험이 어떤 식으로 상품과 서비스에 영향을 미치는지 파악해야 한다. 본질을 이해한다는 말은 다시 말하면 기본에 충실해야 한다는 뜻이다. 기본을 무시한 채 당장의 이윤만을 좇는다면 기업은 결국 브랜드의 방향성과 고객, 둘 모두를 놓치게 된다.

인간중심적인 고객 접근방식을 아이디오에서는 HCD (Human Centered Design)라고 한다. 고객을 남자와 여자, 어른과 어린이, 동양인과 서양인 등의 기준으로 구분하는 것이 아니라 우리는 모두 인간이라는 전제에서 시작하는 관점이다. 인간은 성별, 인종, 나이 등이 아니라 개인의 차이로 구분된다. 그래서 인간 자체를 들여다봄과 동시에 한 명 한 명의 취향에 맞춤형 서비스를 제공하는 방법을 강구해야 한다.

두 번째, 다른 시각이 아닌 확장된 사고. 디자인 씽킹에서 거듭 강조하는 확장된 사고로 우리가 맞닥뜨린 시대적 난제를 풀어야 한다. 남들이 생각하지 못하는 아이디어를 얻기 위해서는 다른 시각으로 바라봐야 한다는 이야기를 수도 없이 들어왔다. 그러나 상황의 시작과 끝을 몇 단계 앞뒤로 넓혀 생각해야 근본적인 문제를 찾고 해결할 수 있다.

가전회사에서 에어컨을 개발한다고 가정해보자. 다양한 소비자층을 조사하여 니즈를 파악했는데 어떤 기업은 이를 '시원함'이라고 정의했고 다른 기업은 '쾌적함'이라고 정의했다. 단순한 비교지만 시원함이 아니라 쾌적함이라고 분석한 기업이 더 확장된 사고를 이끌어냈다고 볼 수 있다. 우리가 에어컨을 사용하는 이유로 사계절 중 한여름 더위를 피하려는 것에 초점을 맞추지 않고 1년 내내 즐기는 쾌적함이라는 고객의 숨은 니즈를 찾는 것이 디자인 씽킹에서의 확장된 사고다. 그래서 우리는 에어컨의 냉방, 난방, 청정, 제습 기능을 사계절 동안 사용할 수 있게 된 것이다.

문제를 어떻게 정의하느냐에 따라 제품의 혁신은 달라진다. 브레인스토밍이나 아이데이션 단계에서도 확장된 사고로 문제를 정의하는 것이 중요하다. 참신한 아이디어를 계속해서 뽑아내기도 어려울 뿐더러 혁신의 아이디어를 찾기 위해서는 문제를 제기하는 리더의 역할이 중요하다. 리더는 구성원들이 모두 같은 방향을 바라볼 수 있도록 심사숙고하여 문제 해결의 키워드를 제시해야 한다. 리더가 인간중심적 관점에서 상황을 관찰하고 이를 토대로 해결해야 할 문제점을 파악한다면 개개인의 창조적 능력을 확장시키고 상황에 따라 유연하고 빠른 반응을 기대하고 조화로운 균형을 유도할 수 있다.

세 번째, 잠재적 욕구를 찾아내는 고객 관찰. 확장된 사고를 통해 답을 찾기 위해서는 관찰이 전제되어야 한다. 숙고하는 관찰을 통해 고객의 숨은 니즈, 문제를 찾아 혁신의 단계로 이어나가야 한다. 이때 유효한 관찰 방법 중 하나는 대상자가 인식하지 못하는 상태에서의 몰래 관찰하기(Fly on the wall)이다. 문제 상황을 열어두고 답을 묻는 것이 아니라 누구도 의식하지 않은 상태에서 진정한 니즈를 파악할 수 있다.

흔히 고객의 목소리를 듣는 방법으로 FGI(Focus Group Interview)나 설문조사가 있는데 이런 전통적인 방식으로는 고객들이 무엇을 원하는지 단도직입적으로 묻는 데 그치기 때문에 번뜩이는 아이디어를 얻는 경우는 극히 드물다. 그래서 이런 방식은 현재의 상황과 가치를 확장하는 용도로 사용하는 것이 좋다.

모나미 제품개발팀을 맡게 되었을 때도 소비자 조사의 내용과 실제 소비자의 행동이 다른 점이 아쉬웠다. 그래서 팀원들에게 아이디오의 몰래 관찰하기 방식을 소개하고 고객들이 머무는 곳에서 부담 없이 관찰해보게 했다. 팀원들은 무엇을 어떤 방식으로 관찰해야 하는지 물었지만 형식 없이 제한 없이, 모나미의 제품을 파는 장소에서 고객들의 행동을 관찰하고 조사 장소 근처에서 관찰한 내용을 보고서용이 아니라 자기만의 방법으로 기록하게 했다. 그리고 다음 날 관찰한 소비자들의 행동을 자세히 설명하고 서로 의견을 나누면서 숨은 니즈를 분석하게 했다. 다음 장에 실제로 모나미 디자인팀과 매월 진행한 몰래 관찰하기 보고서 양식을 첨부했다.

고객이 매대 앞에 서서 어떤 볼펜을 얼마나 고민하고 구매하는지, 어떤 색과 어떤 색 사이에서 고민하는지, 볼펜을 사러 오는 사람들은 혼자인지 여럿이서 함께인지 등 관찰하는 데에는 전문적인 방법도, 형식도 없다. 고객이 정해진 답변들 안에서 선택하는 설문지 형태의 조사방식보다 준비 기간도 짧고 조사비용도 거의 들지 않지만 무엇보다 확실한 구매층의 구매 패턴을 파악할 수 있다. 대신 정기적으로 자주, 꾸준히 해야 누적된 데이터의 효과를 볼 수 있다.

Planning Observation:
What to do
소비자 행태 분석을 통한 시장조사

조사 목적
제품개발, 홍보물제작에 있어서 소비자 구매접점 시 또는 제품사용 시 고객의 행태를 관찰하여 개선되어야 할 부분의 솔루션을 찾아내고 이를 적용, 실행한다.

운용 방안
매월 디자인팀 1회 조사 진행/도매상은 분기별
1조: AAA, BBB-짝수달 소매점/3월, 9월 도매상
2조: CCC, DDD-홀수달 소매점/6월, 12월 도매상
• 해당 월 말일까지 보고서 제출
  익월 팀 정례보고 때 조사내용 보고

관찰 대상
초등학생 4학년 이상~중고등학생, 대학생

지역 구분
학습관심도: 학원 밀집 지역
생활 패턴의 차이: 신도시/구도시
대학교: 종합대학/여대

조사기간 및 시간
매월 중순
학기 중: 방과 후
방학 기간: 오후 2~4시

조사 내용
고객사용 및 구매 행태 관찰을 통한 조사로 진행하며 개선되어야 할 문제점과 그 해결책을 제시함
ex. 소비자 사용방법, 제품테스트 방법, 매대 배열방식/위치/높이/
    마감, 개별 DZ케이스, 블리스터, 세트케이스 진열방식, 사양 확인,
    POP 활용도 및 경쟁사와의 비교 등

Observation Tips:

Fly on the wall

몰래 관찰하기

왜? 어떠한 간섭 없이 사람들이 자연스러운 상황에서 행동하는 방식을 이해하기에 좋은 방법이다.

어떻게? 흥미 있는 행동을 관찰할 수 있는 공공장소 혹은 열린 장소를 찾는다. 그곳에서 사람들의 행동과 소통을 관찰 및 기록한다.

팁 만약에 소비자가 어떤 과정이 진행되는 도중에 주저하거나 멈춘다면 뭔가 문제가 있다고 볼 수 있다. 소비자들끼리 나누는 이야기를 잘 듣고 적용할 수 있다.

Research Schedule:

2022. 1~12

소비자 행태 분석을 위한 일정 및 장소

1월 학원 밀집지역 소매점
서울 대치동 학원가 소매점/학원 조사

2월 신학기 시즌 대형소매점
광화문 핫트랙스 방문 조사

3월 어린이집, 도매상
서울 경기 지역 어린이집 및 대형도매상 방문 조사

4월 대학 내 또는 주변 소매점
연세/이화여자대학교 내, 주변 소매점 방문 조사

5월 중간고사 후 대형소매점
많은 시즌 행사가 있는 5월 강남 핫트랙스 방문 조사

6월 대학 내 또는 주변 소매점+도매상
서울대학교, 신림동 고시촌 주변에 있는 소매점 및 대형도매상 방문 조사

7월 성인학원 밀집지역 소매점
고시학원 밀집지역인 노량진 소매점, 고시학원 방문 조사

8월 여름방학 기간 대형소매점
시즌행사가 있는 8월 중 강남 핫트랙스 방문 조사

9월 신도시 학원 밀집지역 소매점+도매상
평촌학원가 소매점/학원 및 대형도매상 방문 조사

10월 학원 밀집지역 소매점
중계동 학원가 소매점/학원 조사

11월 중간고사 후 대형소매점
많은 시즌 행사가 있는 11월 광화문 핫트랙스 방문 조사

12월 시즌별 스페셜지역 소매점, 도매상
대학로, 가로수길 및 대형도매상 방문 조사

제목:

_____

_____

[관찰내용]

[문제점]

Date. _____   Name. _____

Location. _____

[개선 아이디어]

이미지

관찰을 통해 고객의 숨은 니즈를 찾다

사례 1.

어느 날 시장 조사를 위해 핫트랙스 광화문점을 방문했다. 신학기를 맞아 엄마와 중학생으로 보이는 딸이 형광펜을 고르고 있었다. 엄마가 노랑색, 분홍색, 녹색 형광펜을 골라들자 딸은 고개를 저으며 라이브칼라 코너로 이동했다. 사실 라이브칼라는 수성펜으로 형광펜처럼 눈에 띄게 표기를 하기는 어려운 제품이다. 중요한 것에 밑줄을 치려면 눈에 잘 띄어야 하지 않느냐는 엄마의 말에 중학생 소비자는 형광펜을 여러 개 쓰면 눈만 아프다며 라이브칼라여러 개를 집어 계산대로 향했다.

이때까지 우리는 형광펜은 중요한 것을 강조하는 용도니까 강하고 눈에 띄는 색이어야 한다고만 생각했는데 실제로 사용하는 소비자들의 마음은 달랐던 것이다. 이날 이후 형광펜 라인업을 소프트컬러로 확대하는 계기가 되었다.

사례 2.

한남동 사거리에 위치한 비이커(BEAKER) 매장에 시장조사를 나갔다. 라이프스타일 그리고 패션 브랜드들을 판매하는 오프라인 편집매장에서 여느 때처럼 사람들이 잘 보이는 곳에 자리를 잡고 누가 들어오고 나가는지 어떤 행동을 하는지 살펴보고 있었다. 그때 매장에 들어선 사람들이 모여 흥미롭게 보는 제품이 있었는데, 바로 각자 원하는 레시피로 조향을 할 수 있는 DIY 향수 키트였다.

2010년대부터 생산자(producer)와 소비자(consumer)를 합한 프로슈머(Prosumer)가 트렌드 키워드로 꼽혀왔고 그들은 직접 자신만의 취향이 담긴 제품을 만들고, 직간접적인 방법으로 자신들의 의견을 기업에 전달하려는 의지를 갖고 있었다. 고객 모두의 의견을 담아 제품을 출시하는 것

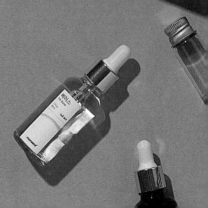

취향에 따라 원하는 색을 만들어낼 수 있는 잉크 DIY 키트

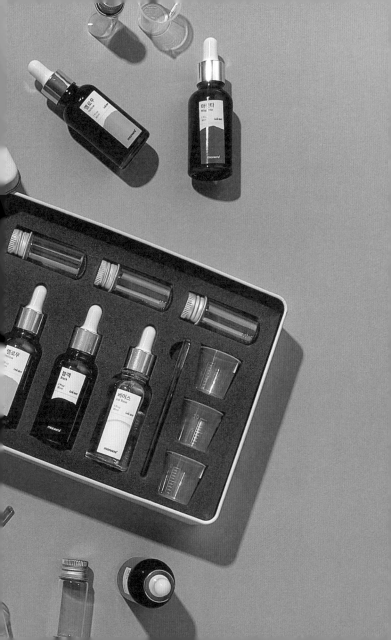

은 불가능하지만 스스로 취향에 맞는 제품을 만들 수 있는 DIY 키트가 생산자적 소비의 진일보한 형태라고 보았다.

이때를 계기로 만들어진 것이 만년필에 사용 가능한 '모나미 잉크 DIY 키트'다. 똑같이 분홍색을 좋아하더라도 각자 좋아하는 분홍색의 채도와 명도가 제각각인 것처럼 자신의 취향대로 잉크를 만들어 사용할 수 있다면 수요가 있으리라 생각했다. 모나미는 필기구에 들어가는 잉크 배합기술을 갖고 있으니, 연구원들의 잉크 조성 노하우를 쉽게 정리하여 고객들이 직접 세상에서 하나뿐인 나만의 잉크를 만들 수 있게 했다. 많은 기업들이 수십 년 동안 만년필로 경쟁할 때 모나미는 만년필에 필요한 나만의 잉크를 기획했다. 이전에는 주로 필기할 때 만년필을 사용했기 때문에 흑색과 청색 잉크가 주류였다면, 다꾸(다이어리 꾸미기)나 캘리그라피에 사용할 색색깔의 잉크가 필요해진 시장 변화에도 부응하려 했다.

사례 3.

새로운 카테고리 제품을 기획하던 상품개발자들은 마

커를 많이 쓸 만한 곳으로 노량진 수산시장을 선택해 새벽 일찍부터 상인들의 불편함을 찾아 나섰다. 그때 상인들이 아침이슬에 젖은 박스에 메모를 하기 위해 불이 피워진 드럼통에 크레파스를 녹이는 모습을 발견했다. 수십 년 동안 불편함을 감수해왔으나 누구도 방법을 개선하지 못했던 것이다. 이에 모나미는 수개월 만에 '물기에 잘 써지는 마카 570'을 개발했다. 잉크 성분에 접착력을 강화하여 젖은 표면이나 물속에서도 글씨를 쓸 수 있는 제품으로, 런칭 전에 샘플링을 위해 상인들에게 배포하기도 했다.

그 외에도 식료품 유통기한을 번번이 넘기고 마는 1인 가구를 위해 물에는 지워지지 않고 중성세제에만 지워지는 '키친마카', 수술 시 수술 부위 크기를 확인할 수 있도록 자(ruler) 기능이 들어간 '스킨라이너', 세탁을 해도 지워지지 않는 '패브릭마카' 등 고객 관찰에서 출발하여 문제를 해결하는 데 디자인 씽킹을 적극 활용하였다. 이렇듯 질문에 대한 고객의 답을 얻는 데 그치지 않고 직접 그들이 머물고 놀고 일하는 곳에 나가 관찰함으로써 문제와 해결까지 빠르게 맞물리는 과정은 모나미에 인상 깊은 경험으로 남았다.

많은 사람들이 이때 개발된 제품들은 시장이 크지 않은데 이윤이 남는지 묻는다. 그때까지 세상에 없는 제품을 만

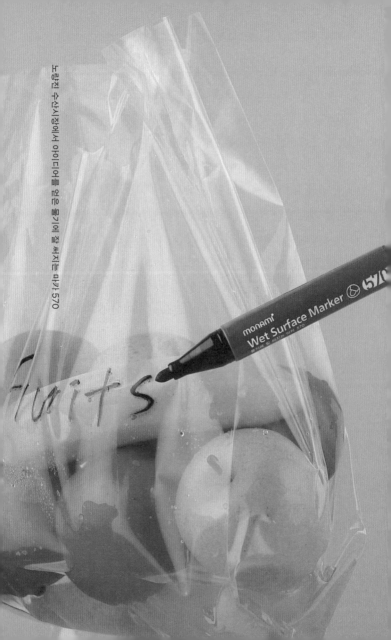

노량진 수산시장에서 아이디어를 얻은 물기에 잘 써지는 마카 570

들었기에 시장 규모를 파악하기는 어려웠다. 지금 당장 이익을 얻을 수는 없을지 모르지만 이익보다 고객의 불편함 해소에 주목하는 것이 디자인 씽커가 나아가야 할 방향이다.

브랜드 전략 첫 번째:
'쓰다'에서 '그리다'로

    디자인 씽킹에서 모나미의 첫 번째 사고의 확장은 필기구의 정의에서 시작되었다. 펜은 과연 필기하는 도구일 뿐일까?

    글을 배우기 전, 아이들은 크레파스나 색연필을 손에 쥐고 무언가를 표현하기 위해 그림을 그린다. 아이들뿐 아니라 어른들도 펜을 필기 외에 다른 용도로 사용하는 경우를 많이 볼 수 있다. 학교를 다닐 때만 하더라도 노트나 참고서 여백에 그림을 그리는 친구들이 많지 않았던가? 나역시 시각디자인을 전공했기에 학부 때 아이디어 스케치 과제에 모나미 프러스펜 3000을 1타 이상 쌓아두고 작업했던 기억이 있다.

필기구의 본질은 무엇일까? 고객이 왜 펜을 사용하는 지 그리고 우리의 예상 외에 다른 방법으로 펜을 사용하고 있지는 않은지 확인하고 싶었다. 그래서 2018 모나미 어른 이 낙서대회, 일명 두들링 콘테스트를 열었다. 모나미 제품 으로만 그리는 온라인 그림 대회로 300여 점이 넘는 작품 이 접수되었는데, 일반 미술도구로 그린 그림과 차이를 느낄 수 없을 정도로 수준이 높았다. 가장 인상 깊었던 것은 프러 스펜 3000의 번짐 효과가 일반 수채화에 견줄 만한 수준이 었던 점이다. 그리고 예상보다 많은 소비자들이 모나미 제 품으로 그림을 그리고 있었다는 사실을 확인할 수 있었다.

펜의 주된 역할은 역시 '쓰기'다. 보통 펜으로 글을 쓰 니까 말이다. 이를 조금 더 넓게 생각해보면 펜은 본인의 생 각을 표현하는 도구다. 우리 스스로 모나미 제품을 단순한 필기구로 한정 지을 필요는 없었다. 생각을 글로 표현할 때 당연히 펜을 사용한다. 그림을 그릴 때 붓과 물감이 필요하 다는 것을 아는 것처럼 말이다. 여기서 본질은 글이나 그림 모두 우리의 생각을 '표현'하는 도구라는 점이다.

그래서 모나미는 펜을 필기구에 국한시키지 않고 생각 을 표현할 때 사용하는 도구로 확장시키기로 했다. 펜이 표 현하는 도구라면 펜으로 그림을 그리는 것도 얼마든지 가능하다. 생각을 꼭 글로만 표현할 수 있는 건 아니니까 말이다. 그리하여 '쓰다'에서 '그리다'로의 패러다임 전환이라는 새로운 전략이 세워졌다.

필기구였던 펜을 표현하는 도구로 재정의하자 문구 산업이 직면한 학령인구 감소라는 문제도 더는 중요하지 않아졌다. 펜의 다양한 용도를 제시함으로써 새로운 시장으로 사업을 확대할 수 있게 되었다. 게다가 펜으로 글자만 쓸 때보다 그리거나 칠할 때 사용률(회전율)이 급격히 높아진다는 장점도 생겨났다. 이렇게 표현의 도구로 재정의한 이후 모나미의 경쟁상대도 달라졌다. 이제 문구회사만이 아니라 미술은 물론 취미 카테고리의 브랜드로까지 확대되었다. 나이키가 '우리의 경쟁상대는 아디다스가 아니라 닌텐도'라고 이야기했던 것과 같은 맥락이다.

필기에서 컬러링과 드로잉으로 영역을 확장하면서 마케팅 전략, 브랜드 전략 등 조직의 지향점부터가 확연히 달라졌다. 본질을 이해하고 사용자 관점에서 문제를 해결하려는 사고, 즉 디자인 씽킹에서 비롯된 브랜드의 메시지는 그 어떤 홍보나 광고보다 강력하고 효과적으로 고객들에게 전달될 것이다.

브랜드 전략 두 번째:
수집, 소장, 선물의 가치를 담은 프리미엄화

결제로 이끄는 키워드 '한정판'. 특히 MZ세대들은 한정판 제품에 열광하는 모습을 볼 수 있다. 모든 것이 풍족한 시대에 태어난 밀레니얼-Z세대에게는 오히려 결핍이 더 가치 있게 느껴지기 때문이다. 그들은 소유를 통해서 자신의 정체성을 드러내고 과시적 소비에 흥미를 보이고 물건이 희소할수록 만족도가 높아진다. 이를 헝거(Hunger) 마케팅이라고 한다. 한정된 물량을 한정된 곳에서 판매하는 마케팅 방법으로, 의식적으로 잠재 고객을 배고픈 상태로 만들어 구매 욕구를 끌어올린다. 의식적으로 상품의 희소성을 높이면 소비자의 수요 욕구가 증가하는 심리를 이용하는 방식이다.

60여 년간 모나미의 제품은 일관되게 저렴한 가격에 판매되고 있었다. 시장이 축소되고 브랜드 전략의 방향이 대폭 수정된 현 시점에서 프리미엄화를 통해 부가가치를 높이는 전략이 필요했다. 모나미는 희소성을 선택했다.

2014년, 모나미의 고급화 전략을 앞두고 우리는 고객들이 어떻게 받아들일지 궁금했다. 대중적이고 저렴한 가격대의 제품들이 주를 이루는 모나미 브랜드를 프리미엄으로 리브랜딩하는 것이 역효과를 불러오지는 않을지 걱정스러웠다. 차라리 프리미엄이나 럭셔리 브랜드를 따로 런칭해야 하는 것이 아니냐는 내부 의견도 들려왔다. 하지만 새로운 브랜드를 만들어 이름을 알리기까지 얼마나 많은 비용과 시간이 걸릴지 예상할 수 없었다. 광고와 마케팅을 대대적으로 실행한다 하더라도 브랜드가 넘쳐나는 시대에 새로운 이름이 고객들의 기억에 남기가 얼마나 어려운가.

그래서 모나미라는 잘 알려진 브랜드 자산을 활용한 고급화 전략이 더 효과적이라는 결론을 내렸다. 그렇게 시작된 것이 153 리미티드 메탈 버전으로, 소비자가격 2만 원에 1만 개를 한정 출시했다. 플라스틱 원형인 300원짜리

153 볼펜 0.7 필기선 제품의 소재를 황동으로 변경하고 헤어라인이라는 금속 후가공을 추가해 60배 이상 비싼 가격으로 출시했다. 모나미의 임직원 모두 소비자들이 어떤 반응을 보일지 마지막의 마지막까지 초조해했다. 혹시 아무도 관심이 없거나 또는 터무니없는 가격이라며 부정적인 이슈만 남기는 것은 아닐까?

　놀랍게도 출시되는 날 하루 종일 모나미 고객센터와 마케팅팀의 전화가 정신없이 울렸다. 단 두 시간 만에 완판이라는 전혀 예상하지 못한 상황이 벌어졌다. 한때는 온라인 중고 거래가가 30~40만 원까지 오르기도 했다. 나를 포함하여 몇몇 직원들은 직원가로 구입하려고 기다리고 있었는데 회사와 물류센터 내 모든 물량이 소진되어 제품을 구할 수가 없었다. 이때의 경험으로 153 볼펜은 수집과 소장, 선물의 가치를 담을 수 있는 프리미엄화 전략에 적합하다는 확신을 갖게 되었다.

　저가형 필기구를 만들어오던 모나미의 오래된 이미지를 깨트리기 위한 두 가지 전략은 디자인 씽킹이라는 단단한 지반 위에서 만들어졌다. 관찰하기 그리고 사고를 확장하기. 대단한 인사이트를 한 번에 잡아낼 필요는 없다. 그리고 그럴 수도 없다. 꾸준히 그리고 오랫동안 고객을 관찰하라. 내가 고객이 되어 생각하고 은연중에 나를 불편하게 만들었던 순간들을 파헤쳐보면 답을 찾을 수 있다. 고객을 생각해서 숨은 니즈를 찾아낼 때 우리는 디자인 씽커로 거듭나게 된다.

다양한 재질에 필기가 가능한 샤일크 네임펜 F122를 사용하는 일러스트레이터 이강훈의 책상

3부

마케터를 위한
창작자 마인드

'왜'라고 묻고 숙성의 시간을 갖는다

눈에 띄는 광고 콘셉트, 카피를 만들어내는 프로가 아니더라도 본인의 업무에서, 또 평범한 일상에서 부딪히는 수많은 상황들에 효과적인 해결책을 제시할 수 있는 창의성은 그렇게 멀리 있지 않다. 여기서 이야기하고자 하는 창의성은 제품을 압축된 카피 한 문장으로 소개하는 표현력보다는 문제 해결책을 찾는 것에 가깝다. 창의적인 사람이 되기 위해서 특별한 조건이 따르는 것은 아니다. 다만, '왜'냐는 물음에 인색하지 않으면 된다.

회사 생활에서는 그저 주어진 일을 묵묵히 하는 것이 장려되는 경우가 많다. 위에서 지시받은 일을 왜 해야 하는지 의문을 품으면 일하기 싫어하는 사람으로 치부되곤 한다. 일을 하기 싫어서가 아니라 더 잘하고 싶어서인데 말이다. 주어진 업무를 잘 처리하기 위해서, 그 문제의 가장 올바른 해결책을 찾아내기 위해서 우리에게 필요한 것은 바로 숙성의 시간이다.

2015년부터 마케팅팀을 맡으면서 많은 크고 작은 결정을 내려야만 했다. 하지만 그 결정이 옳은지, 지금 상황에서 가장 효율적일지 확신이 없는 경우도 허다하다. 그럴 때는 사소한 문제라도 해결책을 제시하기가 힘이 든다. 확신을 얻기 위해서는 아무리 작은 결정이라도 시간을 들여 생각하고 또 생각하는 방법뿐이다. 이를 나는 사고의 숙성이라고 말한다. 반복된 사고의 힘을 믿기 때문에 아직 일어나지 않은 상황들을 영화의 한 장면 한 장면이 스쳐지나가듯 상상하고 또 상상한다. 혹시나 문제가 발생할 것에 대한 대책으로 다음 플랜을 준비한다.

완벽하게 대비할 수는 없더라도 정해둔 시간만큼 업무에 대해 생각한다면 당연히 일의 완성도는 더 높아진다. 시험 날 아침에 펼친 교과서에서 본 내용이 시험에 나왔을 때처럼, 조금 더 생각하고 준비했을 때 기대되는 한 끗 차이를 생각해보자. 남들보다 조금이라도 나은 문제해결을 원한다면 오늘부터라도 조용한 공간에서 일어날 수 있는 상황을 가정하고 사고해보는 연습이 필요하다. 이런 시뮬레이션의 힘이 얼마나 강한지 경험할 날이 언젠가 올 것이며 이를 통해 프로젝트를 충분히 장악하고 있다는 느낌을 가질 수 있을 것이다.

기업에 혁신적인 변화를 불러오기 위해서는 마케터가 아닌 크리에이터가 되어야 한다. 이는 문제의 해결책을 찾기 위한 숙성의 시간을 통해서만 가능하다. 더 이상 본인이 창의적인 재능이 있고 없음을 재고 판단하는 데에 시간을 낭비할 필요가 없다. 팀 브라운도 마스다 무네아키도 모든 사람이 디자이너가 되는 미래를 이야기해왔다. 그들은 왜 모든 사람이 디자인적 사고를 해야 한다고 강조했을까? 디자이너처럼 창의적인 생각과 행동을 가져야 소비자 관점에서 문제해결의 답을 찾을 수 있기 때문이다. 1인 기업이든, 몇 천 명의 직원이 있는 대기업이든 기업 활동의 본질은 고객가치를 최우선으로 하는 창조적 사고에서 시작된다는 것을 명심했으면 한다.

누구나 창의적인 사람이 될 수 있다

시각디자이너였던 내가 갑작스러운 인사 발령에도 마케터로 정착할 수 있었던 이유는 무엇일까? 그전까지 마케팅에 대한 지식이나 경험을 쌓은 적이 전혀 없었지만 디자이너로서의 창의성이 마케터로 일할 때의 공통분모가 되어주었다. 고객들의 눈길을 1초라도 더 사로잡는 마케팅을 위해서는 흐름에 부응하는 콘셉트를 뽑아내고 의미를 부여하고 이를 뒷받침하는 스토리를 만들어 고객과 커뮤니케이션해야 한다. 즉 전지적 창작자 시점에서의 마케팅 활동이 필요하다.

많은 사람들에게 디자인, 또는 디자이너에 대해 물으면 대부분은 크리에이티브한, 호기심이 많은, 세련된, 엉뚱

한 등의 단어를 떠올린다. 공통적으로 제일 먼저 떠오르는 단어는 창의성이 아닐까 한다. '왜'라는 질문을 거듭하는 디자이너들에게서 창조적 문제해결을 위해 모든 역량을 집중하는 모습을 발견할 수 있다. 이렇듯 디자이너는 아이디어가 많고 현상을 바라보는 시각이 일반인들과는 다르다고 여긴다.

하지만 디자이너가 무언가 다르다면 그건 아이디어를 도출하는 방식의 차이일 것이다. 나는 디자이너로 15년이 넘게 일했지만 대학교를 다닐 때도 아이디어가 풍부한 미대생은 아니었다. 그래서 어떻게 하면 다른 사람들처럼 새로운 아이디어를 낼 수 있을지 고민이 많았다. 광고학 수업에서 아이디어 발상법을 배우기는 하나 방법론에 불과하고, 방법에만 너무 의지한 나머지 실질적인 아이디어를 내는 데에는 효과적이지 못했다. 오히려 공모전에서 상을 탄 선배들과 광고 공모전을 준비하던 때에 밤을 새워 아이디어를 짜냈던 경험이 많은 도움이 되었다.

이때 알게 된 가장 심플한 아이디어 도출 방식은 연관된 단어를 이어 새로운 아이디어를 찾는 방법이다. 이러한 단어 연상법이나 또는 이미지를 모아 연상하는 이미지 게인 (Image gain) 방식을 활용하면 보다 쉽게 아이디어를 떠올

릴 수 있다. (물론 연상법은 하나의 예시일 뿐, 어떠한 획일적인
방법으로 계속해서 번뜩이는 아이디어를 도출할 수는 없다.)

브랜드 연상 키워드

● **다이어리** 고급볼펜 만년필 일기 기록 반성 감사 몰스킨 하드커버 리미티드 시즌상품 선물 프리미엄 비싸다 오거나이저 시스템 디자인 브랜드스토리 정리 수집 생각 익숙한 독일 헤밍웨이 고흐 거짓 패션 한정판 십이지신 스타워즈 스누피 안번짐 불렛저널 메모 밴드 컬러 기쁨 ● **노트** 학습 단어장 기록 코넬노트 오답노트 독서 캠퍼스 유선 줄공책 A5 모닝글로리 옥스포드 로 디아 미도리 필기 저널 볼펜 만년필 필사 드로잉 스프링 핸드메이드 알록달록 컬러 디자인 캐릭터 끄적이다 필기하다 작가 책 만족(뿌듯함) 표현 남기다 추억 시리즈 얇은 오거나이저 정리하다 ● **중저가 고급펜** 파커 조터 볼펜 라미 사파리 만년필 독일 디자인 바우하우스 모던 유럽 필기 전통성 역사 시그니처 리미티드 기록 형식 잉크 온라인 사인 꽂다 클립 선물용 컬래버레이션 캐릭터 트렌디 라이프 스타일 저렴한 패키지

모나미 ⟶ 필기구 ⟶ 노트 ⟶ 다이어리 ⟶ 기록

2021년 지퀀스(Zequenz)라는 해외 고급 다이어리 브랜드의 한국 런칭을 앞두고 단어 연상법으로 브랜딩 전략을 위해 키워드를 도출해보았다. 우선 모나미와 다이어리에서 연상되는 포괄적인 단어나 문구를 찾고, 그와 연관된 단어를 이어나갔다.

'모나미' 하면 가장 먼저 필기구가 생각이 나고 필기를 하기 위해서는 노트가 필요하다. 노트 중에서도 1년간 가지고 다니는 다이어리를 가장 신중히 고르고, 그 다이어리에는 나만의 다양한 일들을 기록한다. 처음과 끝의 단어를 이어 "모나미는 기록이다."라는 스토리를 만드는 것이다. 마케팅, 브랜딩 전략을 위해 기획안을 작성할 때 우선 위와 같이 콘셉트 또는 스토리 라인을 만들고 이에 맞는 메인 카피를 만들면 고객을 설득하기 위한 중요한 고비는 넘겼다고 볼 수 있다.

브랜드 전략 또는 관련 기획안을 작성할 때 또 중요하게 보는 것은 콘셉트를 구성하는 키워드와 연관된 최근 소비자 트렌드다. 각종 온·오프라인 미디어가 연말에 공개하는 트렌드 리포트와 우리 브랜드의 어떤 부분을 연결시킬 수 있을지 구상해본다. 이때 다이어리에서 연상한 키워드와 매칭한 트렌드는 자기계발, 자기관리에 관심이 많은 밀레니얼 세대와 Z세대였다.

　아침 습관 프로젝트를 담은 책『미라클 모닝』(한빛비즈, 2016)은 전 세계적 신드롬을 일으키며 한국에도 출시된 후 꾸준히 주목받고 있다. 책에서는 자기관리 수단을 기록하는 다양한 방법들을 소개했는데 이를 보고 다이어리와 매일매일의 기록 습관을 연결시키기로 했다.

　게다가 글쓰기 콘텐츠와 연관된 소셜 플랫폼 산업이 성장세를 보이며 단순히 글쓰기가 아니라 소셜 미디어에 소셜 클럽의 성격이 더해진 브런치, 씀, 세줄일기와 같은 플랫폼들이 등장했고 온라인강의 서비스인 클래스101, 프립(FRIP) 등에서도 다양한 형태의 글쓰기 강좌가 소개되었다. 자기를 사랑하는 성향이 강한 MZ세대들이 자기관리를 통해 본인이 어떻게 성장했는지 다양한 플랫폼으로 자신의 생각을 알리고 싶은 욕망을 지퀀스 다이어리와 기록이라는 키워드로 연결하려 했다. 그래서 만들어진 스토리는 아래와 같다.

"기록이 작품이 된다.
You can make a work by your memory."

**본래 인간은 누군가와의 상호작용을 통해서
'존재에 대한 인정'을 받고 싶은 욕구를 갖고 있다.
그것이 '대화'이고 이를 수집하고 모은 기록은
나의 존재를 인정하는 감동의 작품이 될 수 있다.
이러한 기록을 지퀀스에 담아 작품으로 만들다.**

　　브랜드의 본질을 관통하는 키워드를 가려내는 것도 중요하지만 시대의 흐름과 맞물려야 한다는 점도 간과해서는 안 된다. 트렌드와 키워드를 결합하여 전략을 도출하는 과정을 반복해서 연습하다 보면 어느 순간부터 아이디어를 구현하는 부담이 줄어들고 창의성이란 무엇인지 자신만의 정의를 내릴 수 있게 될 것이다.

조직에서 창의력을 발휘하는 방법

창작자 마인드의 마케터란 기업의 이윤만 앞세우지 않고 고객의 입장에서 서로 공감하고 바이럴될 수 있는 기업의 스토리를 만들어내는 마케터다. 그럼 과연 우리는 어떠한 상황에서 고객들이 공감할 수 있는 창작자 마인드를 가질 수 있을까?

디자이너로 일하면서 좋은 결과물이 나왔던 프로젝트는 대개 클라이언트가 나를 믿고 파트너로 인정해주었을 경우였다. 나를 비롯해서 대부분의 사람들은 다른 사람의 간섭 없이 본인이 잘할 수 있고 또 하고 싶은 일을 할 때에 누가 시키지 않아도 시간과 노력을 들여 최선을 다한다. 그리고 그럴 때 성취감도 자연스럽게 따라 붙는다. 그러나 직급을 막론하고 대부분 회사에서 내가 하고 싶은 일을 할 수 있는 기회는 많지 않다. 결국 내가 하고자 하는 일, 내가 옳다고 생각하는 일과 전혀 다르게 전개되는 회사 생활에서 염증을 느끼는 젊은 세대는 조직문화가 유연한 기업으로 이직을 선택하거나 또는 창업을 준비하곤 한다.

2022년 8월, 더워터멜론의 브랜드 커뮤니티 비마이비(Be my B)에서 주최하는 브랜드 세션에서 강연을 하였다. 평일 오후 7시부터 시작한 강연에서 참석자들은 모두 강연이 끝나도 자리를 뜨지 않고 늦게까지 여러 가지 질문들을 보내왔다. 그중 많은 사람들이 공통적으로 질문한 것 중 하나가 회사가 일관된 메시지를 전하지 않고 즉흥적이고 탑다운 형태로 지시하듯이 업무를 주기 때문에 창의력을 발휘할 기회조차 없다는 것이었다.

대부분의 회사 내 문화는 비슷비슷할 것이다. 직원들에게는 창의력을 발휘하라고 하지만 준비할 시간은 촉박하고 막상 아이디어를 내도 온갖 이유로 발목을 잡히는 경우가 허다하다. 자신부터가 공감하지 못하는 상황이라면 창작자 마인드를 갖고 있어도 구현하기 어렵다. 그렇다고 회사를 탓하면서 더 나은 곳을 찾아 이직을 하더라도 어디를 가나 문제는 해결되지 않는다.

위 질문에 대한 답으로 나는 투트랙(two track)을 제안한다. 내가 하고 싶은 것과 회사가 원하는 방향이 일치한다면 정말 다행스러운 일이지만 대부분은 그렇지 않다. 회사는 당장의 기업 이윤을 가장 우선하고 마케터는 고객의 관점에서 가치를 제공하는 데 초점이 맞춰져 있기 때문이다.

한 예로 회사에서 상품개발을 맡고 있었던 시기에 비흡수면체에 컬러링이 되는 데코레이션 마커 시리즈를 개발하라는 과제가 내려왔다. 기존 유성매직과 같은 일반 마커로는 비닐, 나무, 유리, 검은색 종이 등 잉크가 흡수되지 않거나 배경이 어두운 재료에서 컬러링, 드로잉의 작업이 어려웠기 때문이다. 이를 개선하는 것은 좋으나 너무 많은 SKU(Stock Keeping Unit, 재고유지단위) 이슈와 국내 소비시장 규모에서는 한계가 있다고 판단한 나는 오히려 누구나 쉽게 드로잉, 컬러링에 사용하는 프러스펜 3000의 컬러 라인을 확장하는 것이 고객이나 기업에 모두 도움이 될 것이라 생각했다.

그래서 데코레이션 마커를 개발할 때의 재고 이슈 등을 공유하면서 프러스펜 3000의 컬러를 120색 이상으로 확장하는 방안을 추가 제안했다. 기업이 원하는 제품과 내가 스스로 시장성이 있다고 판단한 제품 라인을 함께 개발하게 된 것이다. 하고 싶은 일을 하니 누가 시키지 않아도 마케팅 아이디어를 고민하고 기업의 방향성을 제시하는 브랜드 전략도 세우게 되었다. 이때 만들어진 전략이 2부에서 이야기한 '쓰다'에서 '그리다'로의 패러다임 전환이다.

회사의 지시나 방향이 나의 생각과 다른 경우는 비일비재하다. 이럴 때 끝까지 내 주장을 고집하는 것보다 가능하다면 두 가지 방법을 함께 시도해보는 것이 좋은 경험이 된다. 그럴듯한 결과를 얻지 못하더라도 계속해서 경험치가 쌓이면 어느덧 회사와 나의 의견이 일치하는 횟수가 점점 늘어나 주체적인 관점에서 일할 수 있을 것이다. 내가 하고 싶었던 방식이 성공하는 레퍼런스가 쌓이면 회사도 조금씩 그에 관심을 갖게 되고, 서서히 신뢰를 얻게 될 것이다. 이는 한순간에 일어나지 않는다. 일희일비하지 않고 천천히 시간을 들여야 한다. 조직 안에 있다면 그동안은 최대한 조직의 생리를 배워두는 것이 좋다. 심지어 창업을 해서 대표가 되더라도 하고 싶은 일만 할 수는 없다. 지금 당신이 속한 조직에서 시간이 걸리더라도 충분히 여유를 갖고 나만의 전략을 만들어 나가보자.

'이야기'로 고객의 관심을 끄는
브랜드 전략

마케터들은 수많은 기업과의 명확한 차별화를 위해서 브랜딩 전략을 세우고 이를 고객에게 알리는 다양한 커뮤니케이션 활동을 한다. 이때 우리만의 브랜드 아이덴티티를 구현하기 위한 방법으로 추천하는 것은 고객의 마음을 설레게 하는 스토리를 만드는 것이다. 고객뿐 아니라 내부 소통에서도 마찬가지다. 특히 창의적인 마케팅팀을 이끌기 위해서는 팀원들에게 전략, 전술과 같은 공격적이고 투박한 용어 대신 서로가 공감할 수 있는 이야기를 만들어 브랜딩 전략을 소개할 필요가 있다. 이제 마케터는 창작자 마인드를 장착한 스토리텔러가 되어야 한다.

브랜드 스토리는 마케팅과 크리에이티브 어느 한쪽으

로도 치우치지 않고 적절히 뒤섞여 고객의 마음을 흔들고 고객의 머릿속 어딘가에 깊숙하게 오랫동안 자리 잡을 수 있는 힘을 가지고 있다. 이렇게 만들어진 스토리는 마케팅팀뿐 아니라 영업, 디자인, 고객지원 등 회사 전반의 영역에서도 그 기조를 같이함으로써 고객에게 일관된 메시지를 전할 수 있다. 관리자들은 팀원들과 보다 효율적인 커뮤니케이션을 위해서 구체적이고 마음에 와닿는 브랜드 콘셉트와 스토리를 만들어 업무의 흐름을 함께 소개하는 것이 모두 같은 방향을 바라보는 일관된 마케팅을 하기 좋은 방법이다.

2015년부터 매년 그해의 키워드를 정해 콘셉트와 스토리를 만들어 팀원들과 마케팅의 방향성을 나누었다. 대표적으로 처음 마케팅팀을 맡은 2015년과 2016년도 마케팅 키워드는 '경험'으로, 대대적으로 모나미를 문구회사가 아니라 경험을 파는 회사로 포지셔닝하고자 했다. 이때부터 경험을 중요시하는 MZ세대를 위한 브랜드 체험, 경험 공간을 구상했고 곧 모나미스토어를 열었다. 그 외에 모나미 펜으로 그림을 그려 참가할 수 있는 참여형 이벤트인 두들링 콘테스트를 개최하는 등 마케팅의 주요 활동 대부분을 경험과 체험을 위한 소비자 이벤트로 진행하였다.

2018년에는 모나미 '펜클럽' 창단이 있었다. '대화'를 키워드로 삼으면서 그간 각자 모나미와 추억을 쌓아온 고객들이 서로 교류할 수 있는 커뮤니티 펜클럽을 만들었다. 매 기수마다 선정된 153명의 모나미 앰버서더들은 6개월 동안 다양한 혜택과 함께 미션을 받게 되는데, 1기 펜클럽 활동 종료 후 특별히 감사를 표시하고 싶어 수료증을 제작하여 전달했다.

수료증 안에 들어 있는 모나미 153 프리미엄의 바디에는 '누군가의 첫 번째 친구가 된다는 건'이라는 문구를 넣었다. 활동 기간이 끝난 1기 멤버가 수료증을 받고 온라인에 정성스럽게 후기를 남겨준 것이 커뮤니티와 SNS를 통해 알려져 다음 기수 모집에는 기존의 세 배가 넘는 지원자가 모이기도 했다. 감사한 마음을 표현하자는 단순한 진심만 변하지 않는다면 마음은 반드시 돌아온다.

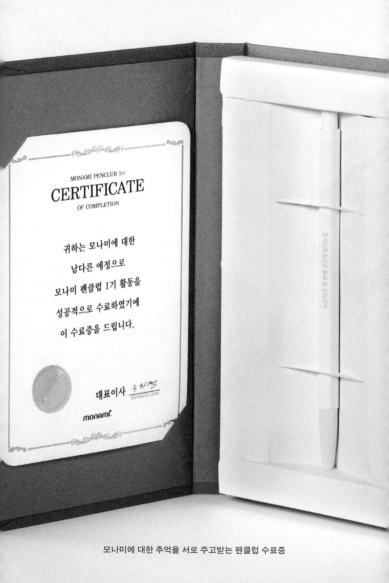

모나미에 대한 추억을 서로 주고받는 펜클럽 수료증

monami.

MONAMI PENCLUB 1st
CERTIFICATE OF COMPLETION

경험을 파는 모나미스토어 개발 5단계

　　매체에 여러 번 소개되면서 모나미의 리브랜딩을 알리는 데 큰 역할을 했던 모나미스토어는 기업의 브랜드 스토리를 고객에게 전달하는 매개체의 역할을 기대하면서 기획하게 되었다. 다시 말하면 신문, 잡지와 같이 일방적 소통을 하기보다 고객과의 쌍방향 커뮤니케이션이 가능한 모나미만의 매체가 필요했던 것이다.

　　많은 기업들은 그들의 이야기를 전달할 수 있는 자신들만의 매체를 갖고 있지 않기에 신문이나 잡지, TV 등의 대중매체를 통해 기업 이미지를 만들어가고 있다. SNS, 유튜브와 같은 온라인 미디어 계정을 활용하기도 하지만 원하는 방향으로 소통이 이루어지기까지 오랜 시간과 비용이 발생하기에 신제품 홍보의 장으로만 쓰이는 등 형식적인 경우가 대부분이다.

나는 공간을 하나의 잡지처럼 구성하고 싶었다. 그 공간에는 목차와 같이 각 구역마다 꼭지를 정하고 그 안에서 제품이 아니라 경험에 대한 이야기를 순차적으로 구성하였다. 그리고 공간매체를 MZ세대들이 많이 모이는 곳에 선정함으로써 언제든 편하게 모나미 공간에서의 체험을 구독하게 만들었다. 한번 와서 사진 찍고 가는 곳이 아니라 지속적으로 찾아오는 공간으로 말이다.

최근에는 브랜드 컨셉스토어가 인스타그래머블한 명소로 자리를 잡았다. 팝업스토어처럼 임시적으로라도 공간을 구현하여 사람들에게 브랜드 경험을 선보이는 일도 많아졌다. 여기에서는 실제로 컨셉스토어를 기획하고 시공하여 오픈하기까지, 실무자를 위해 매력적인 브랜드 스토어를 만드는 팁을 소개한다.

1. 콘셉트

2022년 3월 1일에 오픈한 모나미스토어 성수점 메인 콘셉트는 1963년 모나미 첫 번째 공장이 들어섰던 성수동을 기려 '더 팩토리'로 정하고 부제는 '기록을 그리다, 생각을 그리다'로 정하였다. 당시 1천 평의 배추밭을 사서 세워진 성수동 공장의 상징적 의미와 60여 년이 지난 지금 모나미의 브랜드 전략이 이어지는 스토리를 만든 것이다.

기획에 의미를 담는 데 특별히 정해진 방법은 없다. 중요한 것은 앞으로 오랫동안 이 기획의 열린 가능성에 대해 상상해보고 생각하고 또 생각하여 관심을 갖는 것이다. 지금 당장은 아니더라도 미래의 언젠가 나의 회사, 나의 가게, 나의 집 등 온전히 내가 책임져야 하는 나의 것을 계획하고 준비할 때를 대비해서 회사의 이름을 밤새워 고민한다든지 가게의 인테리어는 어떻게 해야 할지 생각하는 것처럼 말이다.

컨셉스토어는 모나미라는 브랜드를 보고 듣고 만질 수 있는 종합적인 공간 콘텐츠다. 천장 높이부터 벽 색깔, 전시되는 제품 구성, 매장의 향, 카피까지, 제품 하나를 프로모션하는 것보다 스토어를 열 때 더 다양한 관점에서 깊은 사고를 한다. 그래서 만나는 사람들마다 모나미가 무슨 생각을 가지고 있는지, 무엇을 하고 싶은지에 대해 솔직한 이야기를 많이 나눈다. 그러다 보면 모나미에 대한 인식을 들을 수 있고 관계자들끼리 모나미의 이야기를 전함과 동시에 서로 아이디어를 공유하거나 제안을 주고받게 된다.

2. 임대 조건

임대 조건은 여유가 많지 않은 브랜드라면 심사숙고해야 할 부분이다. 콘셉트가 정해지면 이제 어떤 동네에 어느 정도 크기로 할지 고민하고 특히 최소 5년 정도는 유지할 수 있을, 부담이 되지 않는 임대조건을 따져본다. 마케팅을 하면서 팀원들이나 협력업체들에게 매번 강조하는 것이 있다. 다름 아닌 일관성과 지속성이다. 얼마나 일관된 메시지를 전달하는가? 또 얼마나 일관된 이야기를 오랫동안 유지할 수 있는가?

모나미는 브랜드 이미지에 비해 너무 크고 화려한 공간보다는 다양한 모나미 경험을 제공하고 주변의 힙하고 젊은 브랜드와 어울릴 수 있는 담백한 공간을 찾는 데 최선을 다했다. 특히 임대료는 최소 5년간 회사의 도움 없이 매장별 매출만으로 운영이 가능한 수준으로 상한선을 정한다.

대부분의 회사가 매출 압박을 받을 때 가장 먼저 감액

하는 비용이 광고비를 포함한 마케팅 비용이다. 그래서 스토어의 일관된 목소리를 오랫동안 고객에게 전하기 위해서는 기업 환경이 변하더라도 살아남을 수 있는 방법이 필요했다. 바로 스토어별 자급자족이 가능하게 하는 것이다. 정성을 들여서 만든 스토어를 위해서 그리고 매장에서 고객에게 브랜드 스토리를 소개하는 스태프들을 위해서라도 최대한 회사에 부담이 가지 않는 공간으로 유지할 수 있을 정도의 매출을 우선적으로 고려한다.

유동인구가 많은 지역일수록 집객은 보장이 되지만 높은 임대료를 감당하기 어려운 경우가 많다. 이러한 높은 임대료를 줄이기 위해서는 1층이 아니라 지하 또는 2층 이상에 스토어를 기획하는 것도 하나의 방법이다. 단 2층으로 고객을 이끌어오기 위한 다양한 콘텐츠와 프로모션, 사진으로 남기고 싶을 만큼 독특한 공간 디자인 등에 신경을 써야 한다.

젊은 인구가 많은 홍대나 성수 쪽에 모나미스토어를 오픈하고 싶다는 입소문을 열심히 나르던 어느 날, 이야기를 전해들은 오브젝트(Object) 대표님을 만나게 되었다. 오브젝트는 홍대를 비롯해 전국에 여러 개의 소품숍 매장을 가지고 있으면서 '현명한 소비의 시작'이라는 슬로건으로 소규모 생산자가 대중과 만나는 오프라인 플랫폼의 역할을 하는 브랜드다. 이때 모나미와 같이 공간협업을 하고 싶다는 제안을 받아 시작된 모나미스토어 홍대점은 오브젝트의 3층짜리 홍대 매장 중 3층에서 부담스럽지 않은 임대료로 시작하게 되었다.

그러나 사람들이 2층도 아닌 3층까지 올라와줄지 걱정도 많았다. 고민 끝에 대안으로 오브젝트 매장에서 물건을 구매한 고객에 한해서 모나미스토어 상품 50% 할인 쿠폰을 증정하고, 무료 각인 서비스를 제공하는 등 오브젝트와의 연계 이벤트, 프로모션 등을 주기적으로 진행하였다.

운이 좋게도 1호점인 홍대점을 통해 많은 사람들이 모나미스토어에 대해 좋은 인식을 갖게 되었고 모나미 기업의 브랜딩 활동에 주목하기 시작하였다. 대학교 디자인학과 교수님들은 학생들에게 홍대에서 꼭 가봐야 할 곳으로 모나미스토어 홍대점을 소개했고 학생들과 함께 스토어에 방문하여 수업을 하는 모습도 볼 수 있었다.

덕분에 요즘에는 우리가 임대공간을 찾아다니기보다 복합공간 담당자들에게서 먼저 제안을 받고 있다. 프리미엄이나 패션 등 트렌디한 브랜드들의 화려한 컨셉스토어 런칭이 줄을 잇는데, 300원짜리 볼펜을 만드는 60살이 넘은 문구회사 모나미가 컨셉스토어를 이어서 오픈하니 많은 사람들의 관심을 받기 시작한 것이다.

홍대점을 시작으로 서울디자인재단에서 운영하는 DDP(동대문디자인플라자)에서 두 번째 모나미스토어도 곧 이어 런칭을 할 수 있었다. 다음으로 롯데백화점 부산서면점에서 입점 제안을 받았을 때는 이번 기회를 통해 사람들에게 모나미 브랜드 이미지를 재고시킬 수 있겠다고 생각했다. 프리미엄 브랜드로의 이미지에 한 발짝 더 다가서는 기분이었다. 이후부터는 차례로 가족, 연인, 친구, 외국인 등 다양한 고객층이 방문하는 에버랜드, GS리테일의 안녕인사동, 최근 신세계프라퍼티의 스타릿성수까지 좋은 임대 조건으로 제안을 받아 문을 열었다.

일반적으로 상권이 좋은 위치에 있는 임대사업자는 시세에 맞는 높은 임대료를 원한다. 그러나 모나미에게 좋은 조건으로 먼저 입점을 제안한 이유는 무엇일까? 2022년 3월에 오픈한 모나미스토어 성수점은 스타릿성수의 임대사업자가 모나미의 차별화된 스토어 운영 방식에 관심을 가진 덕분이었다. 그들은 건물에 스타벅스가 들어오면 건물가치가 오른다는 공식처럼 MZ세대가 소구하는 모나미의 브랜드 이미지, 경험 마케팅을 통해 건물의 가치를 높이기를 원했다. 그래서 모나미는 입점한 공간이 활기차고 이슈가 될 수 있도록 프로모션과 이벤트를 집중적으로 기획, 실행하였다.

좋은 위치의 컨셉스토어는 이미지 개선에도 많은 도움이 된다. 성수점은 바로 옆에 스타벅스가 있고 위층에는 무신사테라스와 스튜디오, 이국적인 분위기에서 미식을 즐길 수 있는 스케줄 성수가 입점되어 모나미 브랜드도 함께 젊고 세련되게 만들 수 있는 매력적인 공간이다.

건물 가까이 입점한 브랜드들의 구성도 상당히 중요하기 때문에 입점을 고려하고 있는 해당 건물뿐 아니라 근처 지리도 잘 살펴보는 것이 중요하다. 브랜드 스토어를 위한 공간을 선택할 때는 개인 명의 건물의 로드숍 형태보다는 최소 서너 개 이상의 이종 간 메이저 또는 힙한 브랜드가 함께 있는 복합문화공간을 최우선 대상지로 본다. 입점된 타 브랜드의 고객들을 우리 매장으로 끌어들일 수 있기 때문이다.

첫 번째 모나미스토어 홍대점 이후, 특히 2016년도에는 전국적으로 열 곳 이상의 복합공간에서 입점을 제안받았다. 2015년부터 8년간 컨셉스토어를 기획하면서 단 한 번도 먼저 제안한 적이 없다. 상대편이 먼저 제안할 수 있도록 모나미의 브랜딩을 소문내거나, 팝업스토어 등으로 매력적인 사례를 만들어 좋은 조건에 좋은 공간을 확보하였던 것이다. 그러나 공간을 지속하기 위해서는 제안을 받은 것에서 끝이 아니라 이해관계자가 무엇을 원하는지를 파악하고 그 니즈를 채울 수 있는 방법에 대해 고민하고 실행하는 것이 중요하다.

3. 디자인 업체 선정

브랜드 스토어를 만들기 위한 콘셉트를 도출하고, 위치와 임대 조건이 정해지면 다음으로 모나미의 브랜딩 방향을 잘 표현할 수 있는 전문 디자인 업체를 섭외하고 그들을 이해시켜야 한다. 모나미스토어 성수점의 스토리인 '기록을 그리다. 생각을 그리다'라는 다소 추상적인 콘셉트를 잘 표현할 수 있는 공간디자인 업체는 어디 있을까?

아무리 좋은 기획도 제대로 디자인으로 구현해내지 못

한다면 고객들은 기획의도를 이해하기 어렵다. 주로 업체를 찾는 팁은「월간 디자인」이다. 디자이너로 일할 때부터 구독하던 이 잡지에서는 2년에 한 번씩『디자인 스페셜리스트』라는 전문 디자인업체 소개 책자를 발행한다. 여기에 압축적으로 담겨 있는 전문적인 디자인 정보들을 적극적으로 활용한다. 좋은 디자인을 위해서는 디자인회사의 역량도 중요하지만 클라이언트의 역할도 굉장히 중요한 요소다. 디자인회사를 믿고 그들의 창의성을 최대한 끌어낼 수 있도록 지원해야 한다.

업체를 선정하기 전, 절대 빼놓지 않는 것이 디자인업체 대표자와의 대화다. 업체의 사무실을 직접 방문하여 대표와 이번 프로젝트에 대한 이야기를 자유롭게 나눈다. 먼저 모나미가 왜 스토어를 열려고 하는지, 브랜드 전략과 마케팅 활동을 소개하고 추후 계획은 무엇인지 공유하는 시간을 갖는다. 물론 디자인 전문기업의 회사 분위기, 대표의 하고자 하는 열정 등을 확인하는 것도 잊어서는 안 된다.

언제부터인가 디자인회사의 대표자, 실무자들과의 진솔한 미팅은 나에게는 필수 업무로 자리 잡을 만큼 업체 선정에 있어서 당연한 수순이 되었다. 이런 과정을 거쳐 선택된 두세 곳의 파트너들에게 모나미의 이야기를 디자인적으로 풀어낼 수 있는 프리젠테이션을 요청하고 최종 선택을 한다.

　최종적으로 파트너가 결정되면 모나미 마케팅팀은 하나의 팀처럼 움직이며 서로 끝없이 아이디어를 공유한다. 모나미가 디자인 외주 서비스에 비용을 주고 전적으로 맡기는 단순한 의뢰 형태가 아니라, 하나의 지향점을 목표로 모인 프로젝트 TF로 서로의 의견을 존중하고 때로는 설득하여 공동의 산출물로 여길 수 있도록 협업한다. 특히 지금까지 함께한 공간디자인 업체 중 마음스튜디오는 제3의 모나미 직원으로 느껴질 정도로 적극적으로 프로젝트에 참여하고 다양한 콘셉트와 스토리를 제안해주었다.

4. 스태프 채용

　스토어의 외관이 완성되면 이를 유지하고 지킬 수 있는 스태프 채용 단계가 남는다. 좋은 디자인 회사를 찾는 것 이상으로 현장에서 모나미의 이야기를 고객에게 잘 전달할 수 있는 매니저와 스태프를 채용하는 것은 정말 어려운 일이다. 모나미스토어는 일반 판매 매장이 아니라 다양한 체험과 서비스를 제공하기 때문에 오픈하기 최소 2주 전에 채용을 완료하여 제품 설명부터 스토어에서 제공하는 체험형 무형상품들에 대해 교육해서 몸에 익히도록 한다.

그러나 채용 후 교육을 다 받고서 출근하지 않는 사람들이 허다했다. 당일에 연락이 끊기는 스태프들도 많아 어려움을 겪었던 기억이 난다. 모나미스토어는 상품이 아닌 브랜드를 파는 곳이기에 월 1회 점장들에게 마케팅 전략을 지속적으로 공유하였고 스태프들에게는 모나미가 왜 스토어를 만들었고 무엇을 얻고자 하는지를 소개하고 또 제품 하나하나가 어떻게 탄생되었는지에 대한 비하인드 스토리들을 알려줘 고객들에게 응대할 수 있도록 하였다.

매장 운영은 처음이라 부족함을 채우기 위해 지금도 시간이 날 때마다 신사동, 성수동, 한남동, 합정동, 이태원동 등을 다니며 잡지나 SNS에서 소개하는 컨셉추얼한 매장들을 방문한다. 매장에서 근무하는 직원들은 고객을 어떻게 응대하고 어떤 행동들을 하는지 유심히 살펴본다. 특히 신사동 가로수길에 있는 애플스토어 직원들이 어떻게 일하는지 그리고 그들이 얼마나 고객을 세련되게 대하는지 자주 관찰하고 따라 하려고 한다. 쾌적한 구매를 위해 매장 내에 손님보다 직원이 더 많다는 애플스토어는 예약자 우선으로 방문이 가능하고 대기 중에도 직원 여러 명이 예약 여부와 방문 목적 등을 확인하며 친절하게 응대한다.

모나미스토어에서도 고객에게 이러한 느낌을 주기 위해 매니저와 스태프들에게 긍정적인 매장 경험 사례를 주기적으로 공유하고 모나미스토어의 기획의도와 모나미 제품 하나하나의 개발기를 지속적으로 교육하고 있다. 스태프의 업무가 마케팅의 한 부분으로 얼마나 중요한지를 알려주고 모나미 마케팅팀으로서 소속감을 높이기 위해 스태프 모두 계약직에서 정직원으로 전환시키기도 했다.

브랜드 경험을 파는 곳에
스토리를 담다

창작자 마인드를 바탕으로 마케터가 아닌 스토리텔러로서 시작한 모나미스토어는 2015년부터 2023년까지 일곱 개의 매장을 열었는데 각 매장별 콘셉트와 스토리, 공간 디자인을 모두 다르게 하여 고객들에게 모나미의 다양한 메시지를 전하려 하였다.

2015년 10월, 첫 번째 컨셉스토어였던 홍대점의 콘셉트는 '종이'였다. 60여 년 이상 볼펜을 만들고 볼펜을 이야기한 모나미는 이제는 홍대라는 특별한 공간을 종이로 표현하고 공간으로 들어오는 사람들이 펜이 되어 이 공간 안에서 그들의 이야기를 써 내려가자는 스토리를 담았다. 대개 '모나미' 하면 펜에 대한 기억과 추억을 떠올리겠으나 역으로 볼펜이 아닌 종이를 콘셉트로 정하니 새로워 흥미를 갖는 고객들이 있었고 홍대에 가면 꼭 한 번 방문해야 하는 장소로 이야기되기 시작하였다. 공간디자인을 할 때도 종이라는 콘셉트에 맞춰 스토어 입구에 들어서면 빅 사이즈의 책이 펼쳐진 상태에서 모나미 제품이 전시되어 있고, 각각의 선반은 종이의 흘러내림, 말림, 접힘 등의 형태로 디자인되었다.

두 번째 모나미스토어인 DDP점은 '일, 월, 년, 삶의 기록'이라는 콘셉트로 잊혀가는 소중한 기록들을 모나미와 같이한다는 이야기를 담고 있다. 벽면에 쓰인 카피를 통해 이 공간을 찾는 고객들에게 우리 삶의 시간을 다시금 생각하는 시간을 가졌으면 하는 마음에서 정하였다. 이 공간도 일관적으로 콘셉트에 맞게 다이어리, 탁상용 캘린더를 빅 사이즈로 표현하였다. 고무로 만든 대형 오리 조형물 러버덕이 이슈가 되었던 것과 같은 홍보 효과를 얻기 위해서다. 대형 다이어리와 탁상용 캘린더 형태의 공간디자인을 통해 국내외 방문객들이 이곳에서 사진을 찍고 SNS에 바이럴하는 모습을 볼 수 있었다.

세 번째 인사동점은 바쁜 삶에 잊힌 소중한 추억들을 한 자 한 자 적어갈 수 있는 공간으로 '스토리 연구소'라 지었다. 연구소의 느낌을 살려 비커, 메스실린더 등으로 연출하였고, 북촌과 종로 사이에서 1980년대 이후 국내 미술 활동의 중심지였고 현재도 많은 갤러리를 접할 수 있는 인사동의 지역적 특징을 따라 매 주말 2회씩 캘리그라피, 드로잉 클래스 등 기록의 소중함을 표현할 수 있는 다양한 프로그램과 원데이클래스를 진행 중이다.

새로운 매장을 기획할 때마다 각기 다른 콘셉트와 스토리를 만드는 것이 얼마나 스트레스받는 일인지 기획자라면, 디자이너라면 알 것이다. 그럼에도 일곱 개의 모나미 컨셉스토어를 공장에서 찍어낸 듯 획일화되고 뻔한 공간으로 고객에게 보여주고 싶지 않았다. 각각의 메시지를 다르게 하여 1호점을 방문한 소비자가 2호점도 방문하고 싶게 만드는 것이 우리의 목표였다. 모나미는 하나의 브랜드이지만 일곱 개의 매장을 통해 일곱 개의 생각을 전할 수 있었다.

펜, 종이, 기록, 그리고 모나미

1963~

'펜, 종이, 기록 그리고 모나미'라는 콘셉트의 모나미스토어 홍대점

'일, 월, 년 삶의 기록' 모나미스토어 DDP점

Mon ~ Sun
AM 10:00 ~ PM 10:

'스토리 연구소' 모나미스토어 인사동점

공간의 지루함을 없애기 위해

공간을 기획하고 오픈했다고 해서 끝난 것이 아니라 이제부터가 시작이다. 모나미스토어 성수점에는 오픈 당일에 1천 여 명이 방문하였고 1년이 지난 지금도 매일 500~600명의 고객이 꾸준히 방문하고 있다. 대체적으로 고객과 언론의 관심이 줄어드는 데 6개월이 걸린다. 방문객수를 유지하기 위해 컨셉스토어는 지속적으로 새로운 무언가를 보여주어야 한다.

파격적인 브랜드 스토어로 알려진 젠틀몬스터는 지루함을 없애기 위해 주기적으로 매장을 리뉴얼하여 고객에게 새로움과 변화를 보여주고 있다. 매월 발생하는 리뉴얼 비용은 꽤 높아 보이지만 TV광고, 신문, 잡지와 같은 매스미디어에 광고를 집행하는 대신 그 비용을 고스란히 브랜드 스토어에 활용한다고 한다.

그러나 그만큼의 리뉴얼 비용과 인력을 확보하기 어려운 모나미는 젠틀몬스터의 방식과 같이 짧은 주기의 공간 리뉴얼을 지속할 수 없는 상황이었다. 모나미뿐 아니라 오히려 주기적으로 매장을 리뉴얼하는 브랜드가 더 적을 것이다. 그렇다고 컨셉스토어를 처음 오픈한 모습 그대로 운영한다면 고객들은 금방 지루함을 느끼고 점점 매장을 찾지 않을 것이다.

그럼 스토어를 하드웨어라고 생각했을 때 그 안에 담을 소프트웨어 성격의 콘텐츠를 바꿔서 지루함을 없애보자는 생각으로 모나미와 결이 맞는 다양한 이벤트를 기획하게 되었다. 젠틀몬스터나 모나미의 브랜드 스토어 모두 운영 목적은 마케팅을 위한 고객 경험이라는 것에는 동일하다. 그러나 이를 표현하는 방식에서는 회사의 기조와 규모에 맞는 방법을 찾아 적용할 필요가 있다.

1. 원데이클래스

모나미스토어에서 첫 번째로 기획했던 콘텐츠는 모나미 제품과 일러스트레이터, 캘리그라퍼와 함께하는 원데이클래스다. 매주 새로운 주제를 담아 지금까지 2천여 명의 고객들이 클래스에 참여하였고 지금도 매주 6~8명의 인원이 참가하는 클래스를 주 2회 진행하고 있다. 회당 두 시간 정도 걸리는 클래스를 마치고 나면 그림에 소질이 없는 사람들도 완성된 결과물을 갖고 집으로 돌아갈 수 있고 모나미 브랜드 경험을 바이럴하는 모습을 볼 수 있다.

용인시 수지구에 위치한 모나미 본사 1층에 위치한 본사수지점은 아무래도 다른 지점보다 접근성이 떨어져 처음에는 무료 클래스를 진행했지만 공짜라고 해서 반드시 많은 사람이 오는 것은 아니었다. 오히려 사전에 연락 없이 클래스에 참여하지 않는 노쇼(No-Show)가 자주 발생했다. 이를 방지하기 위해 최소한의 비용을 지불하도록 조정하였다. 반면 성수점, 인사동점은 지점별 참여자 수준을 반영하여 입문자 이상의 난이도 높은 3주 프로그램을 준비했다. 이러한 클래스를 통해 스토어의 지루함도 환기시키고 모나미의 브랜드 전략인 '쓰다'에서 '그리다'로의 패러다임 변화라는 메시지도 전할 수 있었다.

2. 브랜드 공간 협업

두 번째는 모나미와 결이 맞는, 또 모나미가 지향하는 이미지를 가지고 있는 브랜드들과의 공간 협업을 통해 변화를 주려 하였다. 오랜 역사와 문화를 가지고 있는 브랜드, 리브랜딩을 잘하는 브랜드, 함께 친환경을 이야기할 수 있는 브랜드를 대상으로 하였다.

2023년 4월 24일부터 3주간 모나미스토어 성수점에서는 100년 넘게 디자인의 본질을 지키며 혁신을 거듭해 온 독일 프리미엄 가전 브랜드 브라운(BRAUN)과 60년 동안 기록이라는 펜의 본질을 지켜온 모나미의 만남이라는 주제로 브랜드 협업 전시가 열렸다. '제품의 본질에 집중하다'라는 모나미와 브라운의 기업 철학을 바탕으로 기획한 공간협업은 특히 제품디자인의 거장인 디터 람스의 디자인 헤리티지를 보여주는 아트월 디자인으로 꾸며졌으며, 디터 람스가 선보인 브라운 초기 제품과 그의 디자인 변천사를 한눈에 볼 수 있는 전시존으로 구성하여 많은 관심을 받기에 충분했다.

또한 몇 년 전부터 주목하고 있는 분야는 ESG경영이다. 모나미도 점차 친환경 기업으로 영역을 확대하기 위해 이를 알리기 위한 시작으로 친환경 브랜드와의 공간 협업을 구상했다. 친환경 업사이클링 브랜드인 etc블랭크, 플라스틱으로 신선한 리빙 오브제를 만드는 플라스틱베이커리와 협업을 진행하면서 모나미의 브랜드 방향을 확장시켰다.

2023년 6월 5일 환경의 날을 맞이해서는 비오토프갤러리 아티스트 SAC과 성수점에서 '나의 작은 서식지'라는 주제로 테라리움을 소개하여 새로운 취미를 즐기려는 사람들에게 식물을 통해 자연의 소중함을 되새기자는 메시지를 전하려 했다.

그 외에도 매년 새로운 브랜드들이 속속 눈에 들어온다. 아이디어 수집차 디자인페어, 리빙페어 등 디자인 관련 전시장에 자주 방문하는데 그곳에서 항상 눈에 띄었던 브랜드는 전구회사인 일광전구다. 일광전구는 1962년 창립 이래 60여 년 동안 백열전구를 생산해온 전구 전문 생산업체다. 전구를 넘어 조명 문화를 그리는 브랜드로 리브랜딩을 하는 그들의 활동에 주목하고 있었던 나는 스토리 기반의 홍보 영상, 세련된 패키지디자인, 디자인 페어 참관 등 디자인 영역에서 오프라인 활동을 통해 다시금 불씨를 키워가는 모습에 많이 놀랐다. 협업 제안을 진행하던 중 매장 공간 설비의 한계로 성사되지는 못했지만 모나미와 유사하게 이미지를 잘 탈피하고 있는 리브랜딩 브랜드로 주목하면서 공간 협업을 위해 계속적으로 제안을 이어가고 있다.

3. 아티스트 전시

명품 브랜드 루이비통은 다양한 아티스트들과의 파격적인 협업으로 유명하다. 쿠사마 야요이, 제프 쿤스, 박서보 등 유명 아티스트들과의 연속되는 컬래버레이션이 브랜드에 신선한 바람을 불어넣었다는 평을 받고 있다. 모나미도 프리미엄화를 위한 아트마케팅의 일환으로 성수점에서 아티스트나 작가들과 함께하는 프로젝트를 구상했다. 이를 통해 고객들에게 뻔하지 않고 색다른 브랜드 경험으로 미술관에 온 듯한 느낌을 주고 싶었다.

이때 떠오른 것이 서울디자인페스티벌에서 체험한 설

은아 작가의 '세상의 끝과 부재중 통화'라는 전시였다. 전시장에 설치된 공중전화 부스에 차마 하지 못한 이야기를 남기면 부스 밖 아날로그 전화기에 전달되어 수화기를 드는 알 수 없는 누군가가 듣게 된다. 3년간 10만 통의 목소리가 남겨졌다고 하는 이 전시와 모나미가 이야기하는 기록, 추억이 잘 맞을 것 같았다.

2022년 11월부터 두 달간 성수점에서 '차마 하지 못한 말'을 주제로 관객들이 참여하는 인터랙티브 전시를 열었다. 모나미가 아티스트와 진행한 첫 번째 전시로 방문객에게도 좋은 반응을 얻었고 이를 통해 다른 아티스트들에게도 제안을 이어갈 수 있는 계기가 되었다. 2023년 하반기에는 민찬욱 작가의 휴머노이드 오브젝트인 '아날로그 표현 도구인 펜으로 AI가 그리고 쓰는 행위'라는 주제로 전시를 진행할 예정이다.

차마 말하지 못해
부치지 못한 통화가 되어버린 이야기,
당신에게도 있나요?

이제 누군가는 들어주었으면 하는
당신의 하지 못한 말을 남겨주세요.
당신의 마음이 홀가분해지는
그 어떤 말도 괜찮습니다.

전시 후, 당신의 목소리를
세상의 끝, 아이슬란드의 대자연에
자유롭게 놓아주고 올게요.

이별보고 전화기로 하지 못했던 말을 전하는 섬으로나미

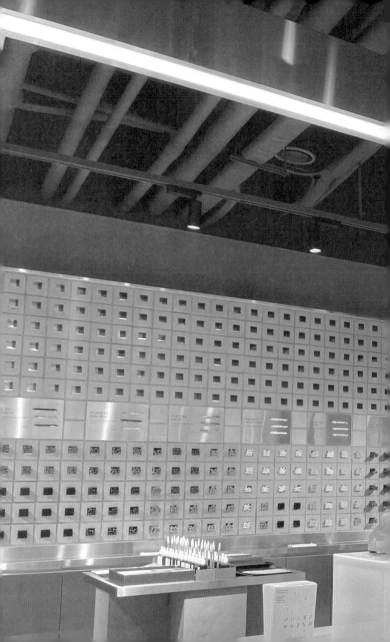

etc블랭크×모나미

ami

My Little Habitat
:VIVARIUM

Jackson's Chameleon
My Little Habitat
:VIVARIUM

PALUDARIUM TERRARIUM

PALUDARIUM TERRARIUM

My Little Habitat
:PALUDARIUM
'VAMPIRE CRAB'

My Little Habitat
:VIVARIUM
Bauer's chameleon gecko

My Little Habitat
:VIVARIUM
'Black-Eyed Tree Frog'

VIVARIUM · PALUDARIUM TERRARIUM

PALUDARIUM TERRARIUM

'나의 작은 서식지' SAC×모나미

체험에 대한 비용을 지불해야 진정한 경험 마케팅이다

프리미엄 체험경제는 고객에게 프리미엄 브랜드를 체험하게 함으로써 잊히지 않는 추억을 만들어주는 것이다. 과거에는 가격이나 품질 같은 요인이 고객 가치를 형성하는 중요 원인이었다면 현재는 디자인과 편의성, 감성적 체험과 같은 서비스 요인이 추가되어 고객 가치 개념이 복잡하게 발전하고 있다.

이런 브랜드 체험, 경험은 대부분 무료로 진행된다. 강남 삼성 본사에 있는 딜라이트 숍은 소비자가 쉽고 빠르게 삼성전자의 최신 IT 제품과 각종 디지털 콘텐츠를 경험할 수 있는 체험형 플래그십 매장이다. 아티스트 박재범의 원스피리츠 프리미엄 증류주 '원소주' 팝업스토어도 소비자가 직접 제품을 시음할 수 있는 체험 공간으로 많은 이슈가 되었다. 물론 둘 다 무료 체험이다.

체험 공간을 운영하는 것은 경험을 중요시하는 MZ세대를 위해서는 효과적인 마케팅이지만 소비자가 제품이나 서비스 이용에 대한 대가를 지불하듯이 체험에 대한 대가를 지불하는 것이 효율적이라고 생각했다. 그래서 모나미 스토어도 브랜드 경험을 할 수 있는 여러 체험형 상품을 개발하여 유료로 판매하고 있다.

첫 번째는 153 볼펜을 고객이 직접 커스텀할 수 있는 153 DIY 존이다. 153 DIY 키트 패키지로 먼저 선보인 이 상품은 키트보다 색상수를 늘려 고객들에게 레고를 조립하듯 컬러별 부품을 조립해 나만의 펜을 만드는 경험을 제공하고 있다. 가격은 볼펜 하나를 조립하는 데 500원으로 매우 저렴하지만 많은 고객들은 조립과 해체를 반복하면서 원하는 컬러의 조합을 만드는 데 흥미를 느낀다. 그만큼 고객을 오랫동안 스토어에 머물게 하는 효과도 있다.

두 번째는 최근 캘리그라피나 간단한 드로잉에 만년필을 많이 사용하는 경향을 반영한 나만의 잉크 컬러를 만들 수 있는 잉크 DIY 존이다. 가격은 2만 5천 원으로, 제공된

나만의 잉크 배합이 가득한 잉크랩

열네 가지 컬러의 잉크와 농도를 조정할 수 있는 알콜베이스로 수천, 수만 가지 잉크를 만들 수 있게 기획된 상품이다. 고객이 원하는 컬러를 만들고 배합비율을 스태프에게 전달하면 30밀리리터 용량으로 제조하여 고객에게 제공된다. 컬러 조합에 익숙하지 않은 고객들을 위해서 참고용 컬러 차트를 제공하지만 제조 과정 중 실수로 인해, 의도치 않게 예상하지 못한 컬러를 만들 수 있는 것도 매력적이다.

완성된 잉크에는 본인만의 컬러 이름을 붙일 수도 있다. 이렇게 만들어진 개인별 잉크 레시피는 모나미 서버에 저장되어 매장을 방문하지 않고도 본인이 만들었던 컬러의 잉크를 재주문할 수 있도록 하였다. 모나미스토어 내에 있는 많은 체험존 중에서도 잉크 DIY 존과 153 볼펜 DIY 존이 가장 인기 있는 무형상품으로, 일본의 아사히 신문사와 가도카와 출판사의 여행가이드 책자에 실리기도 했다.

세 번째는 필기구와 연관 상품인 노트를 제품별 특성에 맞춰 구성할 수 있는 노트 DIY 존이다. 필기구의 파트너는 역시 노트, 다이어리다. 그래서 성수점에는 153 볼펜을 포함하여 모나미 제품별 테스트를 통해 잘 써지는 종이 20종을 매칭하고 이를 원하는 수량만큼 제본할 수 있는 상품을 1만 5천 원에 제공하고 있다. 필기구의 필감이 좋고

나쁨은 볼펜 그 자체의 품질도 중요하지만 어떤 종이를 사용하느냐에도 크게 좌우된다. 특히 만년필의 경우 잉크의 흐름이 많아 두께감이 있는 전용 노트를 사용해야 비침이나 번짐을 줄일 수 있다.

내지를 선택하면 모나미를 상징하는 수십 종의 일러스트 도안을 실크스크린으로 제작한 개성 있는 노트 커버를 만들 수 있다. 이외에도 다양한 스티커, 이니셜 형압, 펜홀더 및 클립 등으로 커스텀이 가능하다. 나이키에서도 티셔츠에 원하는 도안을 선택하면 실크스크린하여 나만의 티셔츠를 만들어주는 서비스를 제공한 적이 있다. 단순한 완제품을 파는 것 이상으로 고객의 취향을 스스로 반영할 수 있는 다양한 형태의 무형 상품들이 주목을 받고 있다.

브랜드의 체험 마케팅들이 대부분 무료로 진행되는 것은 홍보에 목적이 있기 때문이다. 하지만 브랜더라면 보다 멀리 기업을 보고 일해야 한다. 결국 우리는 기업을 위해 모인 구성원이기 때문이다. 마케터라고 해서 마케팅에만 몰두할 것이 아니라 나의 마케팅이 영업에 어떻게 직접적으로 중장기적 도움이 될지, 결국 기업의 방향성을 읽고 더 넓게 일해야 한다.

브랜드의 이미지를 고객들의 기억 속에 굳건히 자리 잡게 하기 위해서는 브랜드를 직접 체험하고 경험하게 하는 것이 가장 유효하다. 그래서 모나미는 153 DIY, 잉크랩, 노트 DIY이라는 다른 브랜드에서는 볼 수 없는 체험형 상품을 기획하였다. 물론 무료 체험 상품이 아니라 모두 비용을 지불해야 하는 상품들이다. 무료라서 해봤다는 느낌보다 고객 스스로 지불한 값어치만큼의 경험에 만족할 수 있는 브랜드 체험을 기획했다.

이럴 때 앞에서 이야기한 확장된 사고가 바탕이 되는 창작자 마인드가 필요하다. 다른 브랜드들이 앞서 성공한 방식을 벤치마킹하는 것도 좋지만 우리 브랜드의 스토리를 녹여낼 수 있는, 우리 기업에 최적화된 브랜드 체험, 경험 방식을 찾아야 한다.

원하는 색깔로 조합해보는 153 DIY 존

나만의 잉크 배합이 가능한 DIY 잉크랩 존

4부

지속 가능한
브랜드

돈을 버는 마케팅이 가능할까?

현업에 있으면서 제일 듣기 싫은 이야기 중에 하나가 '마케팅팀은 돈 쓰는 부서 아니야?'라는 말이다. 모나미에 입사하기 전에 개인 회사를 운영한 적도 있기 때문에 그래도 디자이너 출신치고는 셈이 빠르다고 생각했는데, 어떻게 해야 돈 쓰는 부서라는 오명을 벗을 수 있을까?

그래서 마케팅으로 돈을 벌지는 못하더라도 진행 비용을 최소화하기 위해 기업이 원래 가지고 있는 기술적, 물적 자본을 활용할 수 있는 방법을 고민하기 시작하였다. 그래야 회사에 최대한 손을 벌리지 않고 오랫동안 지속 가능한 마케팅을 할 수 있기 때문이다. 작년에는 물심양면 적극 지원을 받았는데 올해는 갑자기 관심이 뚝 끊기는 일도 마케팅팀에게는 드문 일이 아니다. 이런 상황에 대비하여 최대한 환경에 영향을 받지 않으면서 나는 물론 팀원들도 안정적으로 일할 수 있는 방법이 필요하다고 생각했다.

백화점에 모나미스토어를 오픈했듯이 제품 프리미엄화를 위해 시도해볼 수 있는 새로운 매체를 찾던 중 일반 잡지가 아닌 아시아나 기내지가 눈에 들어왔다. 대형 항공사 기내지는 프리미엄, 럭셔리 제품들을 선별해서 광고한다. 그래서 더욱 모나미 프리미엄화 전략에 부합하는 매력적인 매체로 생각되었다. 그러나 알아보니 생각했던 것 이상으로 광고 집행 비용이 높아서 회사 내에서 해당 예산을 확보하기 어려웠다. 광고비는 줄이면서도 항공사 기내지에 모나미를 소개할 수 있는 방법은 없을까?

편집디자이너로 오래 일한 덕에 잡지를 볼 때면 항상 판권면에 아는 이름이 없는지 습관적으로 살피곤 한다. 그런데 보통 판권면에는 발행인 및 스태프들만 나열되어 오른쪽 공간은 텅 비어 있는 경우가 대부분이다. 그럼 이 공간을 활용할 수는 없을까? 그리하여 안그라픽스 아시아나 기내지 편집장과 광고부장에게 반쪽 광고페이지를 반값에 역제안했다. 판권면에 광고를 싣는 경우가 흔치 않은데 운

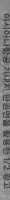

monami
www.monamimall.com

아시아나항공 기내지 판권면을 활용한 1/2 광고

Yellow Gold
Rose Gold
White Gold

153

153® GOLD

PUBLISHED BY ASIANA AIRLINES
Asiana Town, Gangseo P.O. Box 98 · 443-83, Ojeong-ro (Osoe-dong),
Gangseo-gu, Seoul 07505, Korea · flyasiana.com
Advertising Team Phone: +82 2-2669-5066 · Fax: +82 2-2669-5961

Publisher Kim Soo-Cheon
Executive Advisor Oh Keun-Nyoung
Editorial Director Lee Seung-Hwan
Editorial Coordinator Jeong Da-Jeong

EDITORIAL
Ahn Graphics Ltd. 2, Pyeongchang 44-gil, Jongno-gu, Seoul 03003,
Korea · Phone: +82 2-763-2303 · Fax: +82 2-745-8065
E-mail: travelwave@ag.co.kr

Production Director Kim Ok-Chyul
Creative Director Ahn Sang-Soo
Creative Manager Shin Kyoung-Young
Editor-in-Chief Kim Myun-Joong
Senior Editor Kim Na-Young
Editors Ha Eun-A, Lee Sang-Hyun, Lee Anna
Art Director Kim Kyung-Bum
Designers Yoo Min-Ki, Kim Min-Hwan, Nam Chan-Sei
Photographer Lim Hark-Hyoun
Korean-language Editor Han Jeong-Ah
English-language Editor Radu Hadrian Hotinceanu
Chinese-language Editor Guo Yi
Japanese-language Editor Maeda Chiho
Translators Cho Suk-Yeon, Kim Hyun-Chul
Printing Joong Ang Printing

ADVERTISING
Ahn Graphics Ltd. 2, Pyeongchang 44-gil, Jongno-gu, Seoul 03003,
Korea · Phone: +82 2-763-2303, +82 10-4397-2426
Fax: +82 2-745-8065 · E-mail: jung@ag.co.kr

Advertising Representative Ryu Ki-Yeong
General Manager Jung Hawang-Lae
Advertising Sales Kang Joon-Ho, Seo Young-Ju

INTERNATIONAL ADVERTISING REPRESENTATIVES
China —— NEWBASE China Rm 808, 8/F, Fullink Plaza, No.18
Chaoyangmenwai Avenue, Beijing 100020
Phone: +86 10-6588-8155 · Fax: +86 10-6588-3110
France —— IMM International 80 rue Montmartre 75002 Paris
Phone: +33 1-40-13-00-30 · Fax: +33 1-40-13-00-33
Hong Kong / Macao —— NEWBASE Hong Kong Rm. 2601, 26/F,
Two Chinachem Exchange Square 338 King's Road, North Point
Phone: +852 2516-1510,1501 · Fax: +852 2528-3260
India —— Global Media Network. M-138, Greater Kailash-II,
New Delhi 110048 · Phone: +91 11-4163-8077
Fax: +91 11-2921-0993
Japan —— Pacific Business Inc. Kayabacho 2-chome Bldg., 2-4-5,
Nihonbashi Kayabacho, Chuo-ku, Tokyo 103-0025 Japan
Phone: +81 3-3661-6138
Malaysia —— NEWBASE Malaysia S105, 2nd Floor, Centrepoint
Lebuh Bandar Utama, Bandar Utama 47800 Petaling Jaya, Selang
Phone: +60 3-7729-6923 · Fax: +60 3-7729-7115
Switzerland —— IMM International Rue Tabazan 9 CH 1204 Gen
Phone: +41 22-310-8051
Thailand —— NEWBASE Thailand 5th floor, Lumpini I Building,
239/2 Soi Sarasin, Rajdamri Road, Lumpini, Pathumwan, Bangko
10330 · Phone: +66 2-6519-2737 · Fax: +66 2-651-9278
UK —— SPAFAX The Pumphouse, 13-6 Jacobs Well Mews, Lond
W1U 3DY · Phone: +44 20-7906-2001 · Fax: +44 20-7906-206

이 좋게도 기내지 광고를 1년간 집행할 수 있었다.

광고를 먼저 제안하기도 제안을 받기도 하는데, 무작정 값을 깎으려 드는 클라이언트들도 많다. 제안을 하든 제안을 받든, 도무지 비용을 융통하기가 어렵다면 어떤 대안이든 먼저 제시해야 한다. 상대방도 부담이 되지 않는 범위 안에서 설득력 있게 제안한다면 보다 효과적으로 매체를 활용할 수 있을 것이다.

볼펜의 부품들을 원하는 컬러로 커스텀하는 제품을 만들었을 때 다른 기업이 자발적으로 그들의 재원을 활용해 영상 콘텐츠를 만들어 플랫폼에서 홍보해주는 일도 생겨났다. 모나미 153 DIY 키트를 출시한 지 얼마 되지 않았을 때의 일이다. CJ ENM의 비디오커머스인 다다스튜디오에서 모나미도 모르게 153 DIY 키트로 캐주얼 영상을 만들어 소개하고 있다는 것을 발견했다. 다다스튜디오는 모나미의 재원을 직접적으로 활용한 것은 아니지만 제품 자체가 재원으로 활용된 사례로 볼 수 있다. 만약에 모나미가 다다스튜디오에 먼저 제품 홍보를 의뢰했다면 얼마의 광고비용이 발생했을까?

비즈니스를 운영하는 곳이라면 유형이든 무형이든 모

두 그들만의 재원을 가지고 있다. 이를 잘 활용하면 굳이 비용을 들이지 않고도 마케팅 활동을 할 수 있다. 예를 들어 모나미는 60여 년간 사람들에게 잘 알려진 153 볼펜의 브랜드 이미지를 가지고 있고 문구 제품 디자이너, 문구 생산 공장설비 등 필기구를 만들 수 있는 기술과 기계를 보유하고 있다. 반면 영상 제작 회사는 연출자, 소속 연예인, 영상촬영 감독, 촬영 스튜디오 등 영상 콘텐츠를 제작할 수 있는 다양한 형태의 재원들을 가지고 있다. 이 두 기업의 재원들을 서로 공유하거나 스스로 활용한다면 많은 비용을 들이지 않고 효과적인 마케팅을 할 수 있지 않을까?

직접적인 수익 창출 사례로 미국 모바일 디지털 액세서리 브랜드인 엘라고(elago)와의 협업이 있다. 심플하고 섬세한 디자인으로 오래 사용해도 질리지 않는 제품을 만드는 엘라고는 모나미와도 지향하는 점이 비슷한 기업이다. 엘라고×모나미 애플펜슬 케이스 2는 153 제품의 오리지널의 디테일한 디자인까지 완벽하게 재현하기 위해 기획부터 제품 제작까지 8개월 이상의 시간이 소요되었다.

이렇게 정성을 들인 엘라고×모나미 애플펜슬 케이스

2는 출시 이후 고객들에게 높은 만족감과 관심을 얻어 3차에 걸친 추가 생산까지 이루어졌다. 국내뿐 아니라 해외에서도 선풍적인 인기를 얻어 아마존에서도 놀라울 만한 판매량을 보여주었다.

엘라고와의 협업은 모나미 153 브랜드의 IP(지식재산권)를 사용하여 엘라고의 인기상품인 애플펜슬 케이스를 고객에게 소개하는 프로젝트였다. 모나미의 아날로그적인 이미지를 자연스럽게 애플 사용자들에게 소개할 수 있던 좋은 기회였고 돈만 쓰는 부서라는 마케팅팀에서 153 브랜드 IP로 기업에 실질적 매출을 발생시킨 첫 번째 사례이기도 했다. 러닝 개런티로 계약한 프로젝트라서 판매 수수료로 의미 있는 현금 매출을 올렸다.

몇 차례의 프로젝트를 통해 마케팅팀도 수익을 올릴 수 있다는 것을 경험했다. 크든 작든 이런 첫 번째 경험은 분수령이 되어 우리의 커리어에 영향을 퍼뜨린다. 잘 팔리는 매력적인 브랜드는 하루아침에 만들어지는 것이 아니다. 시간을 가지고 자식을 키우듯 지켜보고 정성을 기울여야 한다. 자금이 넉넉한 기업의 성공한 마케팅 활동을 대비 없이 따라 해서는 안 된다. 기업 내 영업사원은 제품을 팔

153 볼펜 IP를 활용한 사례인 엘라고×모나미 애플펜슬 케이스

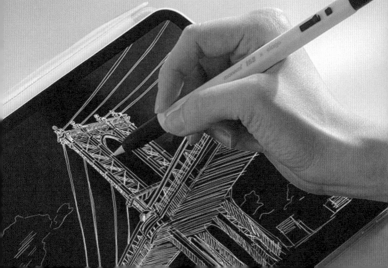

고, 기업 내 마케터는 브랜드를 팔아 돈을 버는 마케팅으로 기업의 경제적 상황에 구애받지 않는, 조금 더 자유롭고 지속적인 마케팅 활동을 하길 바란다.

유튜브 채널과의 협업

2022년 1월 10일 오전 8시 30분. 제작 기간만 6개월 이상 걸린 공부왕찐천재 문구세트가 출시되었다. 오전 8시 30분 보도자료 배포, 모나미 SNS 출시 이벤트, 펜클럽 바이럴 미션, 컨셉스토어 및 자사몰 판매 준비까지 끝났다. 콜라보 제품 판매 수익금은 국내후원단체 '희망조약돌'에 기부해 공부로 자신의 꿈을 실현해나가는 이들을 위해 쓰일 예정이었다. 이때 다급한 박 과장의 메시지. "부장님, 어쩌죠? 모나미 몰 서버가 다운됐어요."

이럴 경우를 예상해 전산팀과 사전협의를 해두었으나 동시 접속자 수가 우리가 생각했던 것 이상이었다. 고객센터를 통해 컴플레인이 끝없이 접수되고 비상사태를 해결하

유튜브 공부왕찐천재×모나미 영상 썸네일

기 위해 IT팀 팀장과 자사몰 MD, 마케팅팀 담당자가 함께
긴급회의를 진행하였다. 우선 사용하고 있던 AWS(아마존
웹 서비스) 서버 대수를 대폭 늘리고 수시로 재부팅을 하여
정상화해보자는 의견이었다. 그러나 몇 시간이 지나도 서
버 다운은 해결되지 않았다.

그러던 중 MD가 자사몰이 아닌 네이버 스마트스토어
모나미 계정으로 상품 등록을 하고 자사몰에 구매안내를
팝업으로 띄워서 우회하여 판매하자는 아이디어를 냈다.
네이버 스마트스토어를 통하면 서버가 다운되는 일은 없겠
지만 대신 자사몰 홍보가 어려워지고 네이버 측에 판매 수

수료를 지급해야 한다. 그래도 지금으로써는 어쩔 수 없는 상황이었다. 기부 금액이 네이버 판매 수수료로 줄어들더라도 서버 다운을 막기 위해 바로 스마트스토어에서 판매를 이어나갔다. 결국 첫날의 문제를 간신히 극복하고 판매 시작 3주 만에 준비된 굿즈 1만 개를 완판했다.

신구 기업 간 협업은 MZ세대에게 사랑받는 레트로 브랜드로 인식되고 마케팅 영향력은 강력했지만 대신 효과가 오래 이어지지 않았다. 더 강력하게 지속되는 컬래버레이션은 없을까? 그 방안 중 하나가 유튜브 채널과의 협업이라고 생각했다.

최근 유통업계를 중심으로 많은 기업들의 유튜버, 인플루언서, 셀러브리티와의 협업 사례가 증가하고 있다. TV 광고보다 훨씬 더 적은 예산으로도 다양한 계층에 접근 가능하고, 파급력이 높아 제품 출시와 동시에 소비자들로부터 높은 관심을 받을 수 있으면서 특히 유튜브는 한 번 영상이 업로드되면 삭제하지 않는 이상 시간이 지날수록 누적 조회수가 쌓인다는 점에서 기업이 선호하고 있다. 소비자들도 친근하고도 꾸밈없는 정보 전달 콘텐츠로 기업들의 인플루언서 마케팅에 높은 신뢰를 보내고 있다.

유튜브의 개성을 한껏 담아낸 공부왕찐천재×모나미 문구세트

특히 모나미의 범용화된 제품들을 TV광고로 집행하기에는 부담스러워서 이를 대신할 수 있는 인플루언서 마케팅에 관심을 갖게 되었다. 이때 인플루언서와의 콜라보는 단순히 광고비용을 지불하여 채널에 노출만 시키기보다 직접 상품 기획 초기 단계에서부터 제품 출시와 홍보, 판매까지 실행하는 데 중점을 두었다. 완성된 제품을 홍보하는 수준에서 끝나지 않고 제품을 함께 만드는 과정까지 하나의 콘텐츠로 담아내면 훨씬 더 긍정적인 반응을 이끌어 낼 수 있을 거라고 생각했다.

간절히 바라면 하늘이 돕는다고 했던가? 기업과의 콜라보가 아닌 유튜버, 인플루언서와의 콜라보를 본격적으로 기획하던 중 고객센터를 통해서 문구회사의 이미지와 딱 떨어지는 신개념 공부 예능 콘텐츠 유튜브 채널 '공부왕찐천재 홍진경' 에이전시 필스라이프에서 협업 제안이 접수되었다. 공부왕찐천재는 개설된 지 1년도 채 안 되어서 100만 구독자를 보유한 영향력 있는 채널이다. 짧은 시간에 엄청난 구독자수를 확보해가는 해당 유튜브 채널을 보면서 모나미 유튜브 채널을 운영하는 마케터로서 부러워하기도 했다.

공부왕찐천재와의 협업은 2021년 6월, 강남에 있던 필스라이프 사무실에서 시작되었다. 디자인회사를 다니던 시절이 생각날 정도로 자유로운 조직문화를 느낄 수 있었다. 필스라이프의 대표와 홍진경님과의 티키타카로 콘텐츠에 재미를 주고 있는 담당 PD 외 여러 관계자와 미팅을 진행했다.

필스라이프는 채널 키워드인 '공부'와 우리나라 대표 문구회사인 모나미가 협업하여 의미 있는 굿즈를 만들고 싶어 했다. 특히 단기간에 너무나 많은 사랑과 응원을 보낸 100만 '만재(구독자를 부르는 애칭)' 님들에게 감사의 표시로 문구세트를 만들고 판매이익금은 좋은 일에 쓰고 싶다는 생각이었다. 모나미도 좋은 일에 기꺼이 동참하겠다는 의사를 전했다. 더불어 100만 유튜버와 협업함으로써 다양한 고객층(특히 MZ세대)에 자연스레 접근하고, 제품 출시와 동시에 소비자들로부터 뜨거운 관심을 받을 수 있다는 점에서 더욱더 좋은 기회라고 생각하였다.

공부왕찐천재의 구독자들은 경제력을 갖춘 밀레니얼 세대가 주를 이루고 있으며 앞서 말한 것처럼 이들은 제품의 가치가 희소할수록 더 간절해지는 특징이 있다. 또 소비행위를 통해 개인의 신념이나 가치관을 표현하려 하므로

길이길이 간직하고 싶은, 소장가치가 높은, 의미가 있는 한정판 제품을 만들자고 의견을 모았다. 그리고 구독자들의 높은 구매력을 이용한 상술로 비춰지지 않도록 판매 수익을 기부하는 것으로 위험 요소를 최대한 제거하여 두 기업의 진정성을 알리고자 하였다. 책꽂이에 꽂아두고 볼 때마다 흐뭇하여 고이고이 간직하게 되는, 오랫동안 공부왕찐천재 채널과 모나미를 기억할 수 있는, 판매 금액의 일부가 좋은 일에 쓰였다는 뿌듯함을 느낄 수 있는 그런 굿즈 말이다.

마케팅에서 기본이 되는 4P(product, place, price, promotion) 가운데 특히 가격은 수차례 협의를 거쳤다. 기부를 명목으로 제품 가격을 적정 수준 이상으로 높이면 좋은 취지가 오히려 흐려질 수 있기 때문이다. 생산수량은 한정판의 의미를 극대화하기 위해 1만 개로 정하고 아무리 판매가 잘 되더라도 추가 생산은 하지 않기로 결정했다.

디자인은 오랫동안 간직하라는 의미에서 고서(古書) 형태로 디자인하였다. 또 주변 지인들에게 선물할 수 있을 정도로 최대한 고급스럽게 디자인했다. 펜을 포함한 구성품 자체의 크기가 작은 편이라 영상이나 바이럴에서 시각적인 효과를 강조하기 어렵기에 제품을 담는 패키지 디자인에 많은 시간과 공을 들였다.

공부 연관 검색어와 버즈량(댓글) 검색을 통해 필기용 볼펜 세 개(검정, 파랑, 빨강)와 밑줄 긋기용 형광펜 3색, 샤프, 지우개를 1차 구성품으로 정하였다. 여기에 공부왕찐 천재 채널을 상징하는 무언가도 필요했다. 팬심을 불러일으킬 만한 초상화 콘셉트의 홍진경 시그니처 스티커와 홍진경 님이 공부할 때 꼭 챙긴다는 클립까지 추가해서 최종 문구세트 구성품을 확정지었다.

"홍진경 님은 집게 클립을 어디에 사용하시나요?"

"어려서부터 공부할 때 클립을 사용하셔서 그걸 꼭 고집하시는 것 같아요. 문제집을 펼쳐놓으면 자꾸 넘어가니까 그걸 집게로 고정시켜야 해서 꼭 필요하다고 합니다."

그리고 형광펜 각각에는 홍진경 님의 아이디어를 담아 주어, 동사, 형용사용 전용으로 디자인했다. 원래 영어 문장의 3요소는 주어, 동사, 목적어이지만 오랫동안 목적어 대신 형용사로 알고 있었던 홍진경 님의 위트를 제품에 담았다. 이렇듯 아주 작은 부분까지 두 기업의 끝없는 아이데이션 공유를 통해 더욱더 갖고 싶은 굿즈를 만들 수 있었다. 모나미와 공부왕찐천재의 협업은 기획부터 제작까지 모두 만재 님이라고 불리는 구독자들을 위해 진행한 프로젝트였으며 이를 통해 모나미를 잘 모르던 MZ세대들과도 소통할 수 있게 되었다.

협업을 할 때 서로의 재원을 활용하면 최소한의 비용으로 마케팅 활동이 가능하다는 것은 앞에서도 이야기했다. 100만 유튜브 채널인 공부왕찐천재가 가장 잘할 수 있는 일은 누가 뭐라 해도 유튜브 영상콘텐츠 기획과 제작일 것이다. 이를 활용하여 제품을 어떻게 기획하고 만들었는지 비하인드 스토리를 담은 영상을 촬영하기로 하였다.

가장 먼저 모나미 내부에서도 영상에 출연하기로 했는데 기획을 같이 했던 마케팅팀 박 과장님과 제작을 위해 생산처들을 관리했던 이커머스팀의 김 과장님 그리고 모나미 회장님을 섭외하기로 하고 그때부터 많은 로비와 설득, 심지어 협박이 시작되었다.

출연자 섭외의 마지막 관문인 회장님은 어떻게 해야 출연 허락을 받을 수 있을까? 싫다고 하시면 어떻게 하지? 영상 콘텐츠 콘티에서는 홍진경 님이 모나미 방문 이후 무작정 회장실로 찾아가 회장님을 만나기로 되어 있었지만 실제로는 촬영 며칠 전에 미리 회장님에게 허락을 받은 상태였다. 거절당하면 딱히 대책은 없지만 일단 회장실을 찾아갔다.

최근에는 타 기업들도 대표들이 직접 유튜브에 나와서 기업을 홍보하고 있다고 말을 꺼내면서 타 기업과의 경쟁심을 유발하는 전략으로 결국 회장님의 출연도 허락을 받았다. 이렇게 회장님을 포함한 모나미 관계자 세 명과 홍진경 님이 공부왕찐천재×모나미 굿즈 제작 비하인드 영상을 촬영할 수 있었다. 공부왕찐천재 채널에 업로드된 모나미 편은 댓글이 2600개가 넘고 조회수는 60만 회를 넘었다. 주된 내용은 기부를 위한 굿즈 제작 및 판매에 대한 응원과 공감의 메시지였다.

그동안 마케팅을 하면서 무형의 법인을 대신할 스피커 (셀럽, 인플루언서 등)가 있으면 좀 더 다양한 형태로 마케팅이 가능할 텐데 라는 아쉬움이 있었다. 이를 위해 기업들은 캐릭터를 만들어 활용하기도 하고 시그니처 상품으로 기업 스토리를 소비자에게 전달하기도 한다. 그래도 역시 가장 효과적인 것은 기업을 대표하는 인물이 직접 이야기를 전달하는 방식이다. 국내에서는 신세계의 정용진 부회장과 오뚜기 기업 회장의 장녀 함연지 씨가 대표적인 사례다. 이들은 각각 인스타그램과 유튜브 채널을 활용해 고객과 활발히 소통하면서 친근하고 대중적인 기업 이미지를 모색하고 있다. 이번 유튜브 영상 이후 댓글 반응에서도 회장님에 대한 언급이 많았던 것처럼 기업의 브랜드 메시지를 그 기업을 대표하는 인물이 직접 고객들에게 전달한다면 더욱 신뢰를 쌓을 수 있을 것이다.

　이전까지 B2B 협업만 해왔던 모나미에게 공부왕찐천재와의 컬래버레이션은 영역의 한계를 넘어서는 계기가 되었다. SNS 인플루언서나 유명 유튜버들에게 광고비를 지불하여 제품을 홍보하는 방식은 진행 시 개입할 여지가 적고 그만큼 장악력도 떨어지는 마케팅이다. 협업에 대한 이해가 바탕이 된다면 협업할 수 있는 대상은 무궁무진하다. 우리 스스로 협업 대상의 범위를 축소시키지 말고 서로가 무엇을 필요로 하는지 파악한다면 새로운 협업의 형태를 만들어나갈 수 있다.

상대 기업이 원하는 것을 찾아내기

컬래버레이션을 통해 고객들은 두 기업에서 그전까지 보지 못했던 새로운 형태의 마케팅 활동을 경험하게 된다. 특히 이종 간의 협업으로 전혀 상상할 수 없었던 색다른 결합을 보여준다면 기존에 지니고 있었던 각각의 매력을 뛰어넘어 전혀 새로운 포지션을 갖게 된다. 컬래버레이션은 예전과 다르게 계속 진화하고 있다.

모나미 역시 기존의 올드하고 저렴하다는 고착화된 이미지를 바꾸기 위한 방법으로 협업이 가장 효과적이라고 판단했고 이제는 모나미의 브랜딩을 이끄는 핵심전략이라고 말할 수 있게 되었다. 2015년부터 모나미 마케팅에서 컬래버레이션을 제외하고는 이야기하기 힘들 정도로 주요 마케팅 활동을 협업에 초점을 맞추어 전개해왔다.

현업에 종사하는 실무자들에게 이야기를 들어보면 대체로 두 브랜드가 원하는 바를 조율하는 과정을 가장 어려워한다. 협업이란 내 이익뿐 아니라 상대의 이익도 고려해야 함을 잘 이해하지 못하는 기업들이 많다. 한쪽 기업의 이익은 곧 상대 기업의 손해라는 뜻인데 이런 구조에서는 지속적인 협업을 이어나가기 어렵다. 일회성 이벤트로 끝나는 것이 아니라 진정한 고객 가치를 실현하는 제품, 서비스를 제공하기 위해서는 두 기업 모두 윈윈(win-win)하는 방향을 고민해야 한다.

그래서 나는 팀원들에게도 사전 미팅을 강조한다. 미팅에서 우리가 무엇을 원하는지 맥락 안에서 설명할 수 있고 상대 기업의 니즈 역시 마찬가지다. 찜찜하고 아쉬운 구석이 남지 않도록 충분히 시간 여유를 가지고 이야기를 나누어야 한다. 대화는 그들이 필요로 하는 것을 공감하는 데에서부터 시작한다. 협업에 있어서 상대 기업이 우리 브랜드에 그다지 관심이 없더라도 주눅이 들거나 먼저 걱정할 필요는 없다. 하나만 기억하자. 그들이 원하는 바가 무엇인지 찾아낼 것.

2019년 서울 세빛섬, 플로팅 아일랜드에서 개최된 인스타그램데이 서울 2019의 브랜드 팝업 행사에 코카콜라, 헬리녹스, 프리츠, 버드와이저 등과 함께 초대를 받았다. 모나미 인스타그램에 소개된 마케팅 행사 활동을 보고 인스타그램 싱가폴 아시아 HQ에서 제안을 보내온 것이다.

　　팝업부스를 준비하기에 앞서 인스타그램 행사에 모나미를 초대한 담당자의 니즈가 무엇일지 생각해보았다. 여러 브랜드가 참여하는 행사를 성공적으로 마무리하려면 우리는 무엇을 해야 할까?

　　가장 먼저 우리가 행사에 참여하는 수십 개의 브랜드 중 하나가 아니라 주최측이라고 생각해보았다. 그래야 협업의 기본인 상대 기업의 니즈를 온전히 공감할 수 있을 것 같았다. 나의 행사라고 생각하니 관람객들을 빈손으로 보내고 싶지 않았다. 결혼식이나 돌잔치에서 답례품으로 떡이나 행사 이름이 새겨진 수건을 선물하듯이 우리도 행사에 참석한 사람들에게 여기에서만 얻을 수 있는, 오래 기억될 감사의 표현을 하고 싶었다. 그리고 인스타그램이란 무엇인가? 바로 인증샷의 장이다.

　　이 두 가지 목적에서 모나미는 153 볼펜 3천여 개로 인스타그램 로고 형태를 표현했고 행사가 끝난 후 관람객들에게 나누어주기로 했다. 모나미 행사 부스를 기획하면서 우리 부스가 단순히 사진을 찍고 싶은 포토스팟만이 아니라 관람객들이 참여할 수 있는 브랜드 팝업을 운영해야 한다고 생각했다. 행사가 끝날 무렵 모나미 부스에 사용된 제품을 가져갈 수 있다는 방송을 내보내자 사람들이 부스에 끝없이 줄을 서는 광경을 자아냈다.

브랜드는 브랜드가 할 수 있는 일의 경계가 어디까지인지 평소에 잘 파악해두어야 한다. 모나미에서 3천 개의 볼펜을 준비하는 것은 어려운 일이 아니다. 우리가 수급할 수 있는 것을 고객들이 필요로 하는 곳에 가져다 놓았을 뿐이다. 하지만 기념품을 획득한 관람객들은 오래도록 모나미 부스를 기억해줄 것이다. 인스타그램 측에서도 성공적인 팝업 부스 운영에 대한 감사의 표시로 200만 원 상당의 인스타그램 광고 쿠폰을 제공해주었다.

2015년부터 많은 컬래버레이션을 진행한 만큼 수많은 기업과 제안이 오고 갔고 결국 아쉽게 성사되지 못한 사례들도 많다. 모나미 마케팅팀을 맡은 후 처음으로 협업을 제안했던 기업은 스타벅스였다. 프리미엄화 전략을 고민하던 당시 스타벅스의 고객들이 한정판 다이어리에 열광하는 모습을 보고 제안을 넣었다. 모나미 프리미엄 볼펜과 스타벅스 다이어리를 협업하면 모나미의 브랜드 이미지를 한 단계 높일 수 있을 것 같았다.

당시 바로 지난 해 몰스킨과의 협업으로 좋은 반응을 얻었던 스타벅스와 지인들을 통한 수차례 요청 끝에 어렵사리 미팅을 잡을 수 있었다. 이것이 나의 첫 번째 협업 제안이자 첫 번째로 실패한 제안이다.

미팅이 끝나고 알게 된 사실은 스타벅스가 꽤 오래전 모나미 판촉팀에게 다이어리 제작을 의뢰했는데 미흡한 일처리로 안 좋은 인상을 남겼다고 한다. 그것도 모르고 미팅 내내 그들의 니즈는 고려하지 못한 채 모나미가 무엇을 하고 싶은지만 쏟아냈다. 흡사 초등학생이 부모에게 막무가내로 조르듯이 말이다. 첫 번째 스타벅스 제안이 실패한 건 무엇보다 상대방의 입장에서 고민하지 못했기 때문이다. 컬래버레이션의 목표는 언제나 두 기업의 윈윈이다. 그러기 위해서 더블 캐스팅의 시나리오를 그릴 수 있는 깊고 넓은 통찰력을 갖춰야 한다.

3천여 개의 블랙으로 만들어낸 인스티그랜데이 모니떼 부스

모나미 콜레버레이션의 새로운 모습을 연 29CM×모나미 153 블랙 앤 화이트

29CM와의 첫 컬래버레이션

컬래버레이션을 위해 적절한 브랜드를 직접 찾아보기도 하지만 제안을 받고 처음 알게 된 매력적인 브랜드들도 많다. 29CM는 힙한 중·고가 브랜드 위주로 취향이 분명한 고객들을 위한 온라인 셀렉트숍의 새로운 장을 연 기업으로, 지금은 무신사에 인수되었지만 2015년 당시에는 협업을 통해 처음 알게 되었다.

미팅 전 관련 기사를 수집하고 해당 사이트를 살펴보면서 느낀 29CM는 대단히 실험적이었고 디자인이 우선되어 한 권의 잡지를 보는 듯한, 아니 정확히 말하면 패션 화보집을 보는 듯했다. 선택지가 너무 많아 고민인 고객들에게 좋아할 만한 제품을 상황에 맞게 추천하는 큐레이션 방

식 또한 인상적이었다. 단순한 이커머스가 아니라 매체의 성격을 잘 표현한 미디어 커머스라고 생각했다. 29CM와의 협업을 통해 모나미도 젊고 미래지향적인 기업으로 변화할 수 있겠다는 확신이 들었다.

반대로 29CM는 왜 모나미와의 협업을 생각하게 되었을까? 그들은 모두가 더 많고 저렴한 상품을 외칠 때, 각 브랜드의 고유한 가치관을 알리기 위해 고민해왔다. 그리고 스피커로 스토리텔링을 적극 활용했다. 이번 협업을 통해 모나미의 아날로그 감성을 담은 스토리로 29CM의 충성고객들에게 새로운 가치를 제공하고 싶었던 것이다. 이때 협업했던 '153 블랙 앤 화이트' 제품은 흔한 플라스틱 재질의 300원짜리 153 볼펜이 매트한 블랙의 메탈 버전으로 재탄생되었으며 묵직하고 부드러운 필기감으로 많은 사람들을 만족시켰다. 특히 제품디자인의 CMF(color: 컬러, material: 재료, finish: 후가공)만으로 원형을 최대한 살리고 품질을 높였고 감성적인 브랜드 스토리와 광고 이미지를 통해 세 차례에 걸쳐 모두 완판을 달성했다.

또한 29CM에는 트렌드에 맞는 브랜드를 선정하여 그 브랜드가 지닌 가치를 프리젠테이션 형식으로 집중 조명

함과 동시에 해당 브랜드의 제품들을 다양한 혜택과 함께 소개하는 기능이 있다. 이를 PT라고 하는데 사이트의 이미지와 맞는 일부 브랜드만 제한적으로 선정하여 운영하고 있고 PT에 사용되는 제작비 및 광고비도 상당히 높은 편이다. 모나미는 광고 의뢰가 아니라 컬래버레이션 제안으로 추가 제작비용 없이 테슬라, 넷플릭스, 프라이탁 등 300여 개 이상의 엄선된 브랜드와 함께 소개되었다. 이때의 협업도 앞에서 이야기한 돈을 버는 마케팅 사례 중 하나로 꼽을 수 있다.

많은 컬래버레이션 중에 29CM와의 협업을 분수령으로 꼽는 이유는 1개월 만에 준비한 153 블랙 앤 화이트 7천 세트가 완판되었을 뿐 아니라 소비자에게 소개되는 브랜드 PT 자료를 만드는 과정에 있다. 브랜드 이야기를 담는 PT를 위해 29CM 콘텐츠 제작 담당자들과 여러 번 심도 깊은 인터뷰를 진행했다. 홍대에 있었던 29CM 본사에서 실무자와 질문을 받고 답하는 과정에서 오랫동안 모나미에서 일했지만 곰곰이 돌이켜보게 되는 순간이 많았다. '찾아보는 광고'로 불리는 29CM의 PT는 고객들에게 브랜드의 가치를 전하면서도 상업적이지 않게 전달한다는 철학이 있기에 홍보용 기사와는 다른 관점에서 접근하고 있었다. 잊고 있던 모나미의 기업 정신과 존재가치를 다시 한번 되새길 수 있었다. 그리고 모나미만의 브랜드 스토리를 재정의하는 계기가 되기도 했다.

"어쩌면 삶은 인생이라는 종이 위에 써 내려가는 펜의 기록 같습니다."

친숙한 이미지의 오래된 브랜드와 힙한 이미지의 새로운 브랜드. 둘의 만남은 낯설지만 그래서 더 사람들의 이목을 끌 수 있었다. 깊이 있는 브랜드 스토리와 두 회사가 머리를 맞대어 고안한 신제품을 통해서 고객에게 새로운 브랜딩 가치를 제공하는 계기가 되었다.

29CM PT 「모니터」 중에서

협업에는 기업의 메시지가
항상 우선되어야 한다

한 주에 두세 번은 브랜드 담당자들에게 컬래버레이션 제안을 받는다. 데이터베이스가 적지 않게 쌓인 지금, 어느 브랜드와 협업해야 모나미 브랜드 이미지가 소비되지 않고 새로운 모습을 보여줄 수 있을지 판단하는 것도, 긴 시간 동안 협업이라는 방식의 마케팅 활동을 지속하는 것도 쉽지 않은 일이다.

고객은 기업의 일률적인 마케팅 활동에 쉽게 익숙해지고 빠르게 지루해 한다. 협업이 반복으로 느껴지지 않도록 사람들의 관심을 붙잡아두기 위해서는 눈길을 끄는 디자인도 중요하지만 일회성 홍보가 아니라 브랜드의 본질을 유지한 채 확장성을 표현해야 한다. 한정판은 소비자에게도 기업에게도 매력적인 요소다. 하지만 희소성의 가치에만 매달려서는 안 된다. 그전에 해당 협업을 통해 브랜드가 얻어가고 싶은 것은 무엇인지 본질을 잃지 않아야 한다.

쓰는 도구에서 그리는 도구로 확장하는 브랜딩 전략을 모색하던 때, 모나미스토어 DDP점에 하얀 컨버스에 직접 꽃 그림을 그려 나눠 신은 엄마와 아기가 방문한 적이 있다. 종이뿐 아니라 우리가 일상생활에서 사용하는 옷, 가방, 신발에 모나미 제품으로 그림을 그릴 수 있다면? 모나미의 새로운 캔버스가 되어줄 브랜드는 없을까? 이런 고민은 반스(VANS)와의 협업과 맞물렸다.

반스는 10대를 위한 스케이트보드화에서 시작해, 다양한 스트리트 문화를 후원하고 있다. 브랜드의 뿌리를 잊지 않고 연관된 문화에 지속적인 관심을 보내 하위문화 감성을 유지하면서 국내에도 마니아층을 보유한 브랜드다. 반스는 정책상 국가별로 매년 한 브랜드와 한 번 컬래버레이션을 진행하는데 2021년도에 선택한 곳이 모나미였다.

두 기업을 대표하는 시그니처 제품인 반스의 어센틱과 올드스쿨 2종에 모나미 153 그림을 더해 한정판을 출시했다. 그리고 그리는 도구로써의 브랜딩 전략을 구현하기 위해 모나미 패브릭 마카를 함께 제공했다. 단순히 한정판 제품이 아니라 개개인의 개성을 담을 수 있도록 반스 운동화가 모나미의 도화지 역할을 맡은 것이다.

그림이나 드로잉에 자신이 없는 사람들도 스스로 커스텀하는 용기를 낼 수 있도록 스니커 아티스트 루디를 섭외하여 영상을 통해 차근차근 알려주었다. 그리고 신발을 벗는 좌식 문화를 가진 한국에서 자기 것임을 인증할 수 있도록 상표 태그 뒷면에 사인을 넣는 아이디어도 추가했다.

이때 협업에서 모나미가 주목해온 초개인화, 경험 중심, 소장 가치라는 소비자 트렌드 키워드들을 조금씩 녹여낼 수 있었다. 모나미의 이미지를 한층 우리가 원하는 방향으로 끌어올리고 모나미의 브랜드 전략을 MZ세대에게 그들의 언어로 전달할 수 있는 좋은 기회였다.

서로의 장점을 살리는
3자 컬래버레이션

　　아주 오래 전 첫째 아이가 유치원을 다닐 때였다. 아이들에게 공부로는 관여를 하지 않는 나지만 영어는 잘했으면 하는 마음이 들어 특별한 영어책을 사주었는데, 이는 다름이 아닌 펜으로 배우는 영어책이었다. '소리펜'이라는 도구로 책에 그려진 사물을 터치하면 영어발음을 들을 수 있다. 아이들용이지만 어떤 원리일까 신기해 제조사를 알아봤었고 그때 네오랩컨버전스(이하 네오랩)를 알게 되었다.

　　우연찮게도 오랫동안 잊고 있던 회사가 모나미에게 협업을 제안해왔다. 네오랩은 세계 스마트펜 1위 업체로 키보드와 마우스에 이은 차세대 입력장치로 스마트펜을 만들어온 저력 있는 기업이다. 네오랩의 네오 스마트펜은 기존의 볼펜과 똑같이 심을 내장한 펜에 광학센서가 탑재되어 특정 코드가 인쇄된 노트에 필기를 하면 디지털로 저장시켜 주는 장치다. 아날로그 형식 그대로 펜의 본질을 훼손하지 않으면서 그들의 기술로 디지털화하는 것이 핵심이다.

이렇게 뛰어난 기술력을 가지고 있음에도 일반인들은 잘 모르는 회사였다. 그동안 네오랩은 출판, 교육 등 B2B 형태의 영업이 중심이었기에 모나미와 협업을 통해 사람들에게 제품과 브랜드를 더 많이 알리고 싶어 했다. 반대로 아날로그한 이미지의 모나미는 디지털과 테크놀로지를 입혀 뉴트로를 넘어 미래지향적인 이야기를 하고 싶었다.

디지털 산업의 대표 제품인 애플의 아이패드와 삼성의 갤럭시탭에는 터치펜 형태의 스타일러스가 함께 판매되고 있다. 그러나 이 제품들은 PC의 키보드와 같이 보조적 입력장치 역할만 할 뿐이다. 나는 펜의 본질을 유지한 채 협업의 완성도를 높이고 싶었다.

이런 두 기업의 서로 반대로 맞물리는 목적을 충족하기 위해 만들어진 모나미 153 스마트펜의 가격은 무려 14만 9천 원이었다. 모나미의 이름을 달고 판매되는 제품 중 단연코 가장 비싼 제품이었다. 협업에 있어서 모나미에게 가

네오랩컨버전스×모나미 153 스마트펜

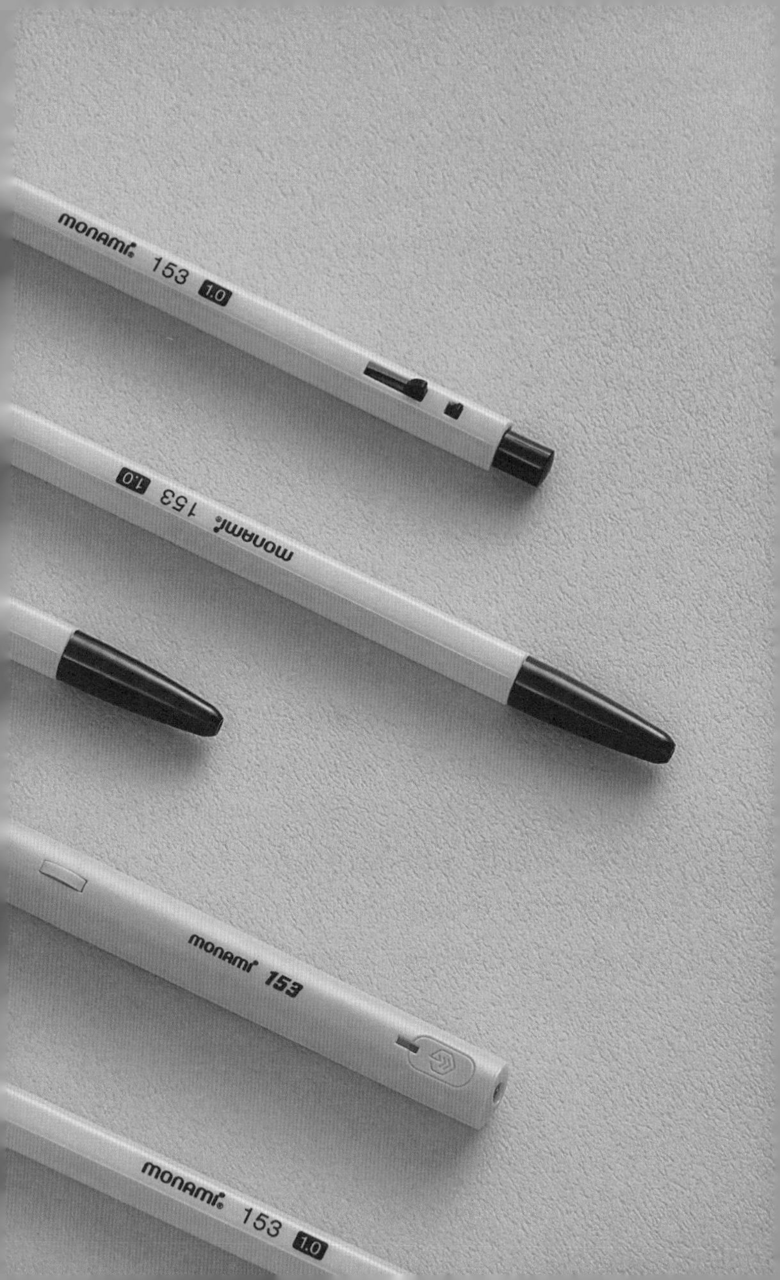
monami 153 1.0
1.0 153 monami
monami 153
monami 153 1.0

격은 언제나 까다로운 장애물이다. 300원짜리 펜을 파는 모나미가 이런 높은 가격의 제품을 잘 팔 수 있을까? 재고만 쌓여 나중에 골칫거리만 되는 건 아닌가 하는 불안감에 판매처로는 희소가치에 열광적인 회원들이 많은 29CM를 믿어보기로 하였다. 우리의 기대에 어긋남 없이 153 스마트펜은 29CM에서 1개월 만에 1천 개를 완판하였고 이후 2차, 3차에 걸쳐 추가 생산 판매도 이루어졌다.

153 스마트펜 프로젝트는 모나미와 네오랩 그리고 29CM의 3자 협업 형태로 진행되었는데, 이럴 때는 프로젝트의 중심 역할을 하는 브랜드가 필요하다. 서로의 의견을 조율하고 기업들이 명확히 나눠진 각자의 역할을 잘 수행할 수 있도록 무리 없이 이끌어야 한다. 모나미는 153 브랜드와 디자인, 제품에 삽입되는 볼펜심 제작×네오랩은 스마트펜 기술력과 기기 제조×29CM는 홍보 콘텐츠 제작과 실질적인 판매의 역할을 맡아 분리하여 진행했기 때문에 충돌 없이 만족스러운 결과를 이끌어낼 수 있었다.

보통은 두 기업 간의 협업으로 서로의 장점을 나누고 그를 통해 서로 원하는 목적을 달성하는 것이 기본적인 이종 간 협업을 하는 이유이지만 반복되는 비슷한 형태의 협업으로는 소비자들의 관심을 끌기가 점점 어려워지고 있다. 다른 컬래버레이션과 차별화하고 남들이 따라 하지 못하는 우리만의 협업을 위해서는 각기 다른 성격의 다수 브랜드와의 도전적인 협업도 필요하다. 이해관계가 다른 두 기업의 협업도 쉽지 않은데 세 개 이상의 기업이 각기 다른 니즈를 만족할 만한 협업을 기획하는 것은 오랜 시간과 노력이 필요하다. 각 기업의 역할이 명확해야 하며 역할이 중복되어서는 안 된다. 서로에 대한 신뢰 그리고 서로의 부족한 부분을 채워주는 것이 협업의 핵심이기 때문이다.

성공적인 브랜딩의 조건
'인터널 콜라보'

여기에서 이야기할 내용은 어쩌면 어떤 사람에게는 가장 어려운 부분일지도 모른다. 하지만 그만큼 중요하고 강조하고 싶은 내용이다.

마케팅(marketing), 브랜딩(branding)이 ing라는 진행형의 형태로 불리는 이유는 계속 변화하는 트렌드를 주시하고 이에 맞는 고객가치를 실현하여 기업을 성장시켜야 하기 때문이다. 이러한 성장을 위해서 마케터는 고객과 회사에 지속적으로 새롭고 창의적인 프로젝트를 제안하고 기획해야만 한다. 모나미는 디자인 씽킹을 도입하면서 다양한 분야의 수많은 기업과 컬래버레이션을 통해 올드한 이미지를 탈피하려 했고, 소비자, 특히 MZ세대의 니즈에 맞춰 끊임없이 변신을 시도하였다. 그러나 이러한 컬래버레이션이 한 번의 이벤트가 아니라 기업의 지속 가능한 성장 엔진이 되기 위해서는 내부 고객들, 즉 회사 임직원과의 경험, 접점을 만드는 과정이 반드시 필요하다. 나는 이를 인터널 콜라보라고 한다.

당신의 회사에서는 당장의 이익을 기대할 수 없는 브랜딩 활동을 임직원 모두가 응원하고 또 지원하고 있는가? 월 단위 매출과 이익 달성에 직접적인 영향을 받는 부서에게는 까마득하게 느껴질지도 모른다. 브랜딩 전략이 필요하다고 생각은 하지만 매월 매출 압박에 치이다 보면 어느새 뒷전으로 미뤄지기 일쑤다.

이 세상에 존재하는 수많은 회사에는 우리가 상상할 수 없는 다양한 형태의 내부 허들이 존재한다. 기업에 변화와 혁신이 필요하다고 아무리 외쳐도 비용, (더 급한) 프로젝트, 의견의 엇갈림 등 발목을 잡히는 상황이 빈번하게 발생한다. 그건 아마도 각 부서별 역할과 그에 따라 회사를 바라보는 시각이 서로 다르기 때문일 것이다. 하지만 궁극적으로 이런 허들을 하나하나 착실히 넘어 고객이라는 결승점에 다다르기 위해서는 내부 고객들의 도움이 없이는 불가능하다.

그럼 내부 고객, 즉 직원들의 도움은 어떻게 얻을 수 있을까? 아니, 도움 이상으로 내부 고객과의 협업을 위해 우리는 어떻게 해야 할까?

마케팅을 포함하여 모든 회사 내부 조직의 협업을 이끌어내기 위해서는 기업의 마케팅 성과에 마케팅팀의 노력만이 아니라 임직원들 모두가 기여했다고 생각하게 해야 한다. 그리고 실제로도 그렇다. 각자의 기여도가 높을수록 내부 허들은 낮아지고 더 나아가 적극적인 지원을 보장받을 수 있다. 아무리 마케팅팀에서 영향력 있는 기업과 참신한 기획을 구상한다 해도 제품디자인팀의 좋은 디자인과 SCM팀의 좋은 품질의 생산이 뒤따르지 않는다면 성공적인 협업을 진행할 수 없을 것이다.

성공적이고 꾸준한 마케팅 활동을 위해서는 지원부서의 전폭적인 지원이 절실히 필요하다. 이러한 자발적인 움직임을 위해서는 모나미의 브랜딩 전략이 무엇이며, 협업을 왜 해야 하고, 컨셉스토어를 런칭해야 하는 이유를 소상히 알려줘야 할 필요가 있다. 그리고 이해시켜야 한다.

**"회사 전체가 같은 지향점을 바라보기 위해서는
누군가 꾸준한 내부 커뮤니케이션을 해야 한다."**

모나미에서는 매월 첫째 주 월요일 오전 8시 30분에 회장님을 비롯하여 임직원 모두가 강당에 모여 회사의 전반적인 소식과 월별 영업, 마케팅 활동을 공유하는 월례조회를 갖는다. 마케팅팀을 맡고 있는 나에게 주어진 시간은 15분 남짓이다. 어떻게 보면 굉장히 짧은 시간이기도 하지만 매월 찾아오는 이 시간을 최대한 활용하여 모나미 임직원 모두에게 마케팅 활동뿐 아니라 브랜딩, 마케팅 전략을 꾸준히 설명하고 있다.

이 책에 적은 내용도 대부분 월례조회에서 이야기한 것들이다. 15분이라는 짧은 시간이지만 PT 자료를 작성할 때 어떤 이야기를 어떻게 해야 더 관심을 받을 수 있을지 수없이 고민한다. 모나미가 전통기업에서 혁신기업으로 빠르게 턴어라운드했다는 평가를 받는 데에는 내부 커뮤니케이션이 결정적 역할을 했다고 생각한다. 당장의 효과를 보기는 어렵지만 꾸준히 내부 커뮤니케이션을 강화한 덕분에 회사 조직 전체가 같은 방향을 바라볼 수 있게 된 것이다.

아이디오의 팀 브라운 역시 『디자인에 집중하라』에서

내부 소통의 중요성을 강조했는데, 특히 디자인 씽커가 될 만한 인재는 내부에서 발굴해야 한다고 말했다. 이는 결국 기업의 문제에 대한 해결책과 기업의 혁신을 위한 방향성은 모두 내부 직원들이 지속적으로 이끌어나가야 가장 효과적이라는 뜻이다. 그러나 안타깝게도 많은 기업들은 내부의 문제를 해결하는 데 외부에서 컨설턴트를 초빙하여 엄청난 비용을 지불하곤 한다. 하지만 설령 그들이 솔루션을 도출해낸다고 하더라도 회사 내부의 인재들이 이해하지 못한다면 성공적인 변화와 혁신을 기대하기는 어렵다.

어떤 문제든 해결할 수 있는 마스터키 같은 것은 없다. 기대도 하지 말아야 한다. 우리의 문제는 우리 스스로가 해결할 수 있다. 외부에서는 잘 알기 어려운 내부의 숨겨진 상황들을 속속들이 알고 있는 내부 고객을 통해야만 기업의 진정한 변화와 혁신이 가능하기 때문이다. 단 이를 위해서는 개개인의 확장된 사고, 디자인 씽킹을 이해하고 실패하더라도 반복해서 경험을 쌓으며 스스로 역량을 키워나가야 한다.

어떤 직원이 고객을 살피고 그들의 소리를 경청하는 일에 관심이 있는가? 세상을 넓은 시각으로 볼 수 있는 긍정적 가치관을 가진 직원은 누구인가? 그들은 '왜'라는 질문을 많이 하진 않는가? 이런 사람들에게 디자인 씽커의 자질이 숨어 있다. 이러한 인재들이 한 번에 눈에 띄지는 않더라도 자세히 들여다보면 분명 있을 것이다. 조직 내부의 인적자원을 잘 관리하고 그들에게 디자인 씽킹이 업무의 중요한 부분을 차지한다는 사실을 깨닫게 해주어야 한다. 그러한 노력으로 시간이 지나면 어느새 낡은 사고의 틀을 깨고 인간중심적인 사고를 체득하는 팀원들이 서서히 나타날 것이다.

29CM PT「모나미」중에서

에필로그

간절함과 열정 그리고 몰입

　지금까지 4부에 걸쳐 모나미가 고착화된 기업 이미지에서 벗어나기 위해 스스로 터득했던 리브랜딩 방법을 소개했습니다. 제로 베이스의 디자이너 출신 마케터가 고민했던 마케팅과 브랜딩 외에도 바쁘게 일하다 보면 자꾸 놓치게 되는 업에 대한 본질, 그리고 그 중심에 있는 사람에 대한 중요성에 대해 이야기하고 싶었습니다만, 잘 전달되었을지 모르겠네요.

　평범한 시각디자이너였던 저는 마케팅에 대한 이론은 부족했지만 무엇보다 모나미 그리고 모나미 제품을 구매하는 고객을 생각하며 마케팅팀을 꾸려왔습니다. 지금에 와서 돌아보니 다행히도 아주 헛된 일은 아니었던 것 같아요.

우리 모두가 회사에서 실패의 낙인이 찍히는 걸 두려워합니다. 그래서 다른 회사의 성공 사례를 답습하거나 누군가가 해온 방식을 모방해 안정적으로 마케팅 전략을 짜는 경우가 많습니다. 그 방식이 나에게 맞는지 그리고 우리 브랜드의 조건에 적합한지는 미처 파악하지 못한 채 말이에요. 이 책에서는 계속 본질을 강조했지만 컬래버레이션 마케팅뿐 아니라 어떤 기획을 하더라도 바로 성과를 낼 수 있는 달콤한 마케팅 방식만 흉내 내지는 않았으면 합니다.

모든 브랜드에는 시작이 있습니다. 시간과 사람이 쌓여 만들어낸, 다른 브랜드로 대체할 수 없는 철학과 이미지를 품고 있습니다. 성공적 브랜딩을 위해서는 우리 회사에 맞는, 우리만이 할 수 있는 마케팅 방법을 찾아야 합니다. 그 길이 험하고 멀지라도요. 그래서 마케터는 본질을 잊지 않는 창작자 마인드를 갖추어야 한다고 강조하는 것입니다.

마케팅이 처음이었던 제가 모나미 리브랜딩을 쭉 이어갈 수 있었던 원동력은 무엇이었을까요? 저는 모나미가 '밑천'이 있는 브랜드라고 생각했습니다. 오랫동안 성실하게 회사를 이끌어온 물적, 인적, 기술적 자본이 단단했기 때문입니다. 그래서 이를 기반으로 모나미라는 브랜드가 조금 더 세련되고 멋있어졌으면 하는 간절함과 그런 브랜드로 만들기 위한 열정이 있었습니다. 그럼 이러한 열정은 단순히 목적성이나 방향성만으로 이끌어낼 수 있는 것일까요?

열정을 갖기 위해서는 내가 하고 싶고, 할 수 있고, 해야 하는 목적과 의도가 서로 맞물리는 일이어야 합니다. 마케팅팀을 맡았을 때만 해도 이렇게 오랫동안 이 일을 하게 될 것이라고는 상상하지 못했습니다. 다만 매일매일 조금씩 배운 것을 시도하고 실패하고 다시 시도하면서 오롯이 고객을 위해 회사를 설득했던 과정들에 시간을 소요했을 뿐입니다.

회사는 가시적인 성과를 빠른 시일 내에 보여주기를 바랍니다. 회사는 직원이 조용히 베이스를 다지기를 기다려주지 않습니다. 그러나 고객의 마음을 움직이기 위해서는 절대적인 시간이 필요합니다. 생각보다 오랜 시간이 걸리지요. 고객을 설득하는 시간을 벌기 위해서 저는 회사에 계속해서 메시지를 전달했습니다. 컨셉스토어, 컬래버레이션 등 우리가 준비하는 프로젝트가 어떻게 우리 브랜드의 이미지를 높일 수 있는지 설명했습니다. 회사의 요구에 흔들리지 않고 어제보다, 지난달보다 나아지자고 생각했습니다. 이런 브랜딩 전략들이 쌓이고 쌓이다 보면 기업이 보다 다른 차원의 마케팅에 관심을 갖고 기회를 확산시킬 수 있게 될 것이라고 기대했습니다.

기업이 변화의 수단으로 대책 없이 조직개편이나 부서 이동 카드를 사용하는 경우도 많습니다. 일단 당장 '변화' 가 눈에 보이기 때문이죠. 브랜딩 전략을 설명하고 이해시켜 직원들을 브랜더로 성장시키려던 노력이 수포로 돌아가는 순간입니다. 직원들에게 혼란을 가중시키는 자리 바꾸기 대신 꾸준히 우리의 방향성을 공유한다면 혁신에 준하는 기업의 변화를 기대할 수 있게 됩니다. 수년이 지난 지금 모나미의 변화를 이루어낼 수 있었던 것이 그 증거입니다.

오전 7시 15분, 회사에 도착하면 가장 먼저 하루 일과를 준비하는 투두리스트(To-do list)를 작성합니다. 이 리스트를 작성하는 30분 동안 각 업무들을 톺아보지요. 하루도 빼먹지 않고 중요한 일에 앞서 의식을 치르듯이 합니다. 그리고 어떻게 하면 팀원들이 주체적으로 일할 수 있을까? 또 어떻게 하면 팀원들 스스로 업을 자랑스러워하고 사랑할 수 있을까? 팀원들이 출근할 때까지 스스로에게 끊임없이 질문을 던집니다. 이에 대한 답을 얻기 위한 괴로운 정도의 몰입은 우리가 직면하는 모든 문제의 해결책을 찾는데 결정적인 역할을 합니다.

그만큼 몰입은 세상에서 가장 쉬운 문제해결 방식입니다. 역량도 필요 없고, 따로 배워야 할 방법론도 없습니다. 그 대상을 깊이 있게 생각하기만 하면 됩니다. 꼭 답을 찾고 실천하겠다는 끈기와 혹 실패하더라도 꿋꿋이 버티고 다시 시도할 수 있는 자신감을 놓치지 않으면 됩니다. 하는 일에서 성취감을 얻기 위해 지금보다 조금 더 높은 수준까지 도전한다면 자연스럽게 몰입의 영역으로 들어서게 됩니다. 우리의 삶에서 중요하다고 생각하는 것들에 몰입을 적용해보면 조금씩 아이디어가 떠오르는 자신을 발견하게 될 것입니다.

브랜드의 건강한 성장을 위해 간절함과 열정을 가지고 깊이 있게 사고하고 끊임없이 몰입한다면 사람들에게 분명히 감동을 전할 수 있을 것이고 이를 통해 방황하지 않는 마케터가 될 수 있을 것입니다. 무슨 일을 시작하기 전에 일에 몰입할 수 있는 마음가짐과 자세에 대해 먼저 고민하는 시간을 충분히 갖도록 합시다.

"마케팅을 잘 하기 위해서는 고객들에게 몰입해보세요.
더 나아가 본인이 고객이 되어보세요.
그러면 그들을 감동시킬 우리만의 마케팅 방법을
찾을 수 있을 겁니다."

모나미 153 브랜딩

초판 1쇄 인쇄 2023년 7월 26일
초판 1쇄 발행 2023년 8월 9일

지은이 신동호
펴낸이 이승현

출판1 본부장 한수미
컬처 팀장 박혜미
편집 박인애
디자인 이민영
본문 이미지 제공 모나미

펴낸곳 ㈜위즈덤하우스 출판등록 2000년 5월 23일 제13-1071호
주소 서울특별시 마포구 양화로 19 합정오피스빌딩 17층
전화 02) 2179-5600 홈페이지 www.wisdomhouse.co.kr

ISBN 979-11-6812-684-8 02320